ROLEPLAYING GAME E A PEDAGOGIA DA IMAGINAÇÃO NO BRASIL

SONIA RODRIGUES

ROLEPLAYING GAME E A PEDAGOGIA DA IMAGINAÇÃO NO BRASIL

PRIMEIRA TESE DE DOUTORADO NO BRASIL SOBRE O ROLEPLAYING GAME

BERTRAND BRASIL

Capa: V06 — Yomar Augusto

Editoração: DFL

2004
Impresso no Brasil
Printed in Brazil

CIP-Brasil. Catalogação-na-fonte
Sindicato Nacional dos Editores de Livros, RJ

R616r Rodrigues, Sonia, 1955-
Roleplaying game e a pedagogia da imaginação no Brasil: primeira tese de doutorado no Brasil sobre o roleplaying game/Sonia Rodrigues. — Rio de Janeiro; Bertrand Brasil, 2004
210p.

Inclui bibliografia
ISBN 85-286-1067-5

1. Jogos de fantasia. 2. Imaginação na literatura. 3. Narrativa (Retórica). 4. Ficção — Técnica. 5. Jogos na educação. 6. Jogos no ensino da língua portuguesa. I. Título.

CDD - 793.9
04-1554 CDU - 794

EDITORA BERTRAND BRASIL LTDA.
Rua Argentina, 171 — 1º andar — São Cristóvão
20921-380 — Rio de Janeiro — RJ
Tel.: (0xx21) 2585-2070 — Fax: (0xx21) 2585-2087

Atendemos pelo Reembolso Postal.

Este livro é dedicado a meu filho, Maurício Rodrigues Mota, que em 1992, aos treze anos de idade, me deu de presente a idéia de fazer um projeto de doutoramento sobre o *Roleplaying Game*. Foi ele também que, em 1998, inventou comigo o jogo de criar histórias "Autoria", além de participar de todos os projetos e produtos de Pedagogia da Imaginação em que estive envolvida de 1995 a 2003. Sem a imaginação, a criatividade, o ânimo, a solidariedade deste "companheiro de viagem" este livro não seria possível. A Maurício, meu agradecimento e amor.

SUMÁRIO

> APRESENTAÇÃO <

Roleplaying Game e a Pedagogia da Imaginação no Brasil traz a público a primeira tese de doutorado, o primeiro estudo universitário sobre *Roleplaying Game,* numa universidade brasileira. A tese foi defendida por mim em 1997, na PUC-Rio, e pesquisada de 1992 a 1997 com a orientação da professora e doutora Pina Coco.

Este livro vai além da tese porque incorporei tudo o que estudei e concretizei sobre autoria coletiva na direção da Pedagogia da Imaginação defendida por Italo Calvino, no livro *Seis propostas para o próximo milênio.*

Na Primeira Parte, a que tem a totalidade da tese, fora os anexos, intercalei um ou outro parágrafo esclarecendo ou ligando o texto de 1997 às experiências de exercitar a Pedagogia da Imaginação tal como eu a compreendo. Na Segunda Parte, estão minhas experiências e reflexões sobre o que torna indivíduos e grupos imaginativos criativos e autores.

Meu interesse por RPG surgiu da observação de partidas jogadas por crianças e jovens, a começar por meu próprio filho. Aos poucos, durante os créditos do doutorado e no desenvolvimento de minhas pesquisas, percebi que o que me parecia mais atraente no RPG era sua semelhança com alguns traços da literatura de Monteiro Lobato para crianças.

No Brasil da década de 1920, Monteiro Lobato lançou as bases da literatura para crianças que encantariam várias gerações de brasileiros. Entre as muitas qualidades de seus livros, uma se destaca: a compreensão de que a narrativa ficcional não tem dono, as histórias são sempre reescritas porque transmitem verdades primordiais.

Para Mircea Eliade em *Mito e realidade,* a diferença entre o que é contado e o mito está, para os povos primitivos, em que o mito é verdade e não pode ser alterado, deve ser transmitido sempre da mesma forma, em ocasiões rituais, para perpetuar seus ensinamentos.

O contado sofre influência do tempo e do espaço, não se tratando, portanto, de história verdadeira, porque nela estão as marcas autorais, muitas das quais perderam as referências das alterações, conforme costuma acontecer com o que é várias vezes recontado e reescrito.

As narrativas tribais, em torno de fogueiras, as lendas medievais, o conto maravilhoso, são herdeiros do mito que sofreram a influência de uma quantidade imensurável de autores anônimos antes de serem registradas por antropólogos ou estudiosos do folclore.

Na literatura, no teatro ou no cinema, seus temas, enredos e personagens são retomados recebendo também um tratamento autoral, mas a origem ou a "invenção" da matriz está perdida na História.

O RPG poderia ter surgido no Brasil, influenciado pela literatura de Monteiro Lobato. Se ele estivesse vivo hoje, provavelmente reconheceria o jogo como herdeiro próximo dos seus livros para crianças, um produto de imaginação destinado ao consumo de massa, em especial da juventude, e baseado no diálogo — descontando-se os "excessos" —, com diferentes mídias e autores.

O livro mantém o conteúdo da tese, mas inverte a ordem dos capítulos. Tentei organizá-los de forma que o leitor possa escolher por onde começar, sem precisar ir do início ao fim, linearmente. A compreensão será mantida se a escolha for por tema.

Espero ter sido clara. De qualquer forma, incorporei a este livro minha experiência com a Internet e abri um *blog* para que os leitores possam comentá-lo e esclarecer eventuais dúvidas.

> PREFÁCIO <

É um grande prazer para mim participar do prefácio deste importante livro da autora Sonia Rodrigues. A primeira tese de doutorado feita no Brasil sobre os *Roleplaying Games*, um estilo de narrativa central à minha vida, visto ser autor de RPGs, utilizá-los para fins didáticos e por seu intermédio ter encontrado meu grande amor, Eliane Bettocchi — autora, ilustradora e pesquisadora de RPGs.

Curiosamente, meu primeiro encontro com a escritora Sonia Rodrigues foi oral, assistindo-a em uma palestra, mas ela mesma nos ensina que existem várias formas de leitura e o livro escrito é apenas uma delas. A força de personalidade, a determinação em assumir e defender seus pontos de vista, visíveis na palestra, encontram-se igualmente presentes em sua tese defendida com sucesso em 1997, atualizada agora nesta publicação.

Sonia nos apresenta uma rica e interessante correlação entre categorias da *Poética*, de Aristóteles, e da *Morfologia do conto maravilhoso*, de V. Propp, com os *Roleplaying Games* e práticas de mestres e jogadores, praticantes desta "pilhagem narrativa" onde "as regras do RPG são as regras da narrativa". A tese tornou-se justificadamente referência obrigatória para todos aqueles que pesquisam RPG no Brasil.

A autora nos apresenta as questões que ficaram em aberto, que gostaria de ter pesquisado, mas que, infelizmente, pelos caminhos da vida não pôde fazê-lo. São sugestões interessantes para os estudiosos do tema e cedo ou tarde serão levadas avante.

É interessante observar que há uma diferença entre os livros comerciais de RPG e este como linguagem com repertório e códigos próprios. O RPG pode ser visto como uma linguagem secundária hipermidiática, alicerçada nas linguagens oral, escrita, imagética, corporal etc. Os livros comerciais de

RPG alicerçam-se geralmente na literatura épica, apesar do abalo trazido pela perspectiva de herói trágico do RPG *Vampiro: a máscara*. Porém, a linguagem de RPG não se resume a seus livros comerciais, estes podem estar dentro do texto de prazer proposto por Roland Barthes, mas, para mim, há a possibilidade de uma escritura de gozo* barthesiana a partir do RPG. O conteúdo erótico de textos que permeiam o RPG *Vampiro: a máscara* já aponta nessa direção, assim como pesquisas do RPG enquanto linguagem conduzidas por Eliane Bettocchi.

Acompanhando o livro de Sonia, alegrei-me com a bela continuidade que deu ao seu contato com os RPGs: a busca por ensinar as regras da narrativa para formar leitores e autores por nosso país. Pessoas, como ela diz, capazes de interpretar, de lidar com a fantasia para poder questionar e lutar por um mundo melhor. Através do jogo *Autoria*, Sonia Rodrigues e Maurício Mota têm atuado junto a diversas ONGs, órgãos públicos e empresas privadas pelo país nessa luta. Só posso desejar-lhes sucesso.

De minha parte, também busquei outros caminhos além das rodas de RPG entre amigos. Tornei-me autor, educador e pesquisador de *Roleplaying Games*. *Desafio dos bandeirantes*, *Era do caos* e *Esferas* são RPGs em que atuei como autor, todos ambientados no Brasil por meu amor à riqueza da cultura em que nasci e fui criado. Sonia nos alerta que não basta fornecer livros para formar escritores, é preciso criar um ambiente em que haja prazer e debate sobre eles. Utilizei histórias interativas em escolas para ajudar a criar esse tipo de ambiente em relação à História e à Geografia. Em 2002 e 2003 fiz uma pesquisa de mestrado pelo Departamento de Artes e Design da PUC–Rio junto às crianças surdas do INES no Rio de Janeiro para verificar se as histórias interativas poderiam ser usadas para ajudá-las a adquirir linguagem: língua de sinais, língua portuguesa escrita e oral. Agora, voltado para inclusão social, busco utilizar o RPG para estimular alunos surdos e ouvintes do Ensino Médio a produzirem textos escritos, formando uma ponte pela escrita. Meus caminhos me levaram a distância de um aceno dos de Sonia, estou em boa companhia.

---

* Prefiro aqui usar texto de gozo em vez de texto de fruição concordando com a tradução proposta por Leyla Perrone-Moisés no posfácio do livro *A aula* de Roland Barthes, por ela traduzido. Da mesma forma, uso o termo "escritura" conforme ela o propõe no mesmo texto.

Como não acredito que alguém ensine, é o outro quem aprende, tenho esperanças de que talvez possamos estimular pessoas a interpretarem, a encontrarem na leitura e na escrita, como diria Barthes, "nenhum poder, um pouco de saber, um pouco de sabedoria e o máximo de sabor possível".

Carlos Klimick

PRIMEIRA PARTE

➤ CAPÍTULO 1 ➤

Uma tese, seu objeto, seus segredos e limites

O objetivo central da minha tese foi o de estudar o RPG como um fenômeno da indústria cultural, com um modo de produção específico, exercitado no Brasil. Este objetivo não teve a pretensão de levantar indícios que condenassem o RPG como "flagelo lingüístico" e, também, não procurou maneiras de endeusá-lo como garantia de iniciação estética[1].

O que se pretendeu foi discutir:

1. As matrizes narrativas do RPG. A narrativa épica, o conto maravilhoso, a narrativa teatral e o folhetim.
2. A relação do jogo com a ficção e a relação desta com a palavra jogo.
3. A inserção do RPG no contexto da cultura de massa.
4. O modo de produção de narrativas ficcionais por meio do RPG e os limites desta forma de narrar.

Não busquei definir a composição dos livros de regras de RPG ou dos milhares (provavelmente centenas de milhares) de narrativas produzidas pelos grupos de jogadores e sim de discutir o que é o RPG, como o jogo produz narrativa ficcional, qual sua linhagem narrativa.

Evitei reproduzir o que autores mais experientes já escreveram sobre cultura de massa, ficção e produção de sentido, dando prioridade a tentar esclarecer como esses conceitos podem ser aplicados a uma atividade ficcional "leiga" e *pop* como o RPG.

O recorte empreendido diz respeito ao conteúdo dos livros de regras e a relação desse conteúdo com o das citadas linguagens ficcionais, os modelos que as regras do RPG tomam de empréstimo, a eficiência e as lacunas que existem nessa "importação".

O recorte foi intencional. Em 1997, quando defendi minha tese, não existia estudo teórico, no Brasil, sobre a ficção produzida nas rodas de RPG. Como toda primeira abordagem, esta ainda é provavelmente incompleta.

Examina-se aqui três exemplos de *Roleplaying Game*:

O *Advanced Dungeons & Dragons*, por ter sido o primeiro jogo e por continuar apreciado por muitos jogadores, além de possibilitar uma avaliação interessante a respeito da intertextualidade com a literatura de Tolkein.

O GURPS (*Generic Universal Roleplaying System*), por seu caráter genérico e sua composição próxima ao software.

O "Vampiro", por sua relação mais do que clara, como será demonstrado, com a literatura em geral.

Estes jogos têm inúmeros suplementos para os jogadores e o aperfeiçoamento dos mestres. Foram analisados apenas os módulos básicos, porque é possível jogar RPG a partir deles e são suficientes para que se aprenda o que, essencialmente, caracteriza o jogo.

O *Roleplaying Game* é um jogo de produzir ficção. Uma aventura é proposta por um narrador principal — o mestre — e interpretada por um grupo de jogadores. A ação pode se passar em vários "mundos": de fantasia medieval, terror ou futurista. Pode também interagir com um universo ficcional preexistente. As regras do RPG são as da narrativa. A construção das personagens, o detalhamento do cenário, os "ganchos" do enredo são encontrados nas narrativas orais dos jogadores de RPG, mas foram, antes, colocados em cena por autores dos mais diferentes gêneros de narrativa. Mistura do "faz-de-conta" com o velho hábito de contar histórias, entrelaçamento da literatura com o roteiro de televisão e de cinema, o jogo mobiliza milhares de jovens, produzindo aventuras verbalmente, que, para serem contadas, podem levar dias, semanas e meses.

Crianças, adolescentes e adultos reúnem-se em torno de um "mestre" que prepara uma aventura com o auxílio de um livro de regras. Os jogadores são atores e, ao mesmo tempo, roteiristas da ficção produzida em grupo. É um jogo onde não existem vencedores entre os que jogam. Os derrotados, quando existem, são uma necessidade do enredo.

O jogador assume a identidade de uma personagem e finge sê-la durante o desenrolar da aventura. Esta personagem é construída, elaborada numa ficha, de forma detalhada, trabalhosa, como detalhado e trabalhoso é o caminho da criação.

As fichas de personagens elaboradas pelos jogadores são decisivas para o desenvolvimento da narrativa. As personagens não são construídas de forma maniqueísta. Elas apresentam qualidades e defeitos, vantagens e desvantagens. O item Desvantagens "afina" especialmente o jogo, torna-o mais complexo, permitindo que se explore minuciosamente o conjunto de características de uma personagem inteira.

No *Roleplaying Game*, milhares de jovens repetem a experiência de Lobato, muitos sem jamais o terem lido. Apropriam-se de histórias narradas por livros, filmes, quadrinhos e as reinventam em grupo.

O mestre do jogo — sempre autodidata, porque não existem cursos para formar ficcionistas de RPG — é alguém que lê os livros de regras, pesquisa o cenário em que a aventura vai se desenvolver, as personagens, os possíveis antagonistas ou aliados, os caminhos que a narrativa pode seguir no cenário e nas condições propostas. A pesquisa feita pelo mestre tem de ser bem cuidada. Ele precisa ser ágil para calcular, durante o jogo, as possibilidades de desenvolvimento da narrativa, torná-la atraente para os outros jogadores, interagir com eles, responder a suas ações, garantir que a coerência da história seja mantida.

Na verdade, o mestre de RPG é o narrador principal e o diretor de cena. A ficção produzida em grupo, de forma interativa, é verbalizada, uma mistura de narrativa oral e teatro do improviso. Nos grupos fixos — que se reúnem de duas a quatro vezes por mês —, os jogadores costumam criar suas próprias personagens junto com o mestre. Neste caso, a pesquisa para criação envolve os jogadores também. Eles lêem o livro de regras e seus complementos.

O mestre inicia o jogo descrevendo o lugar onde a aventura se passa, as características das personagens, leva a história até o ponto onde os jogadores começam a atuar e coloca dificuldades e surpresas para os jogadores resolverem. Os jogadores são responsáveis pelas ações e iniciativas de suas personagens.

Existem RPGs genéricos — com um sistema que pode ser utilizado em qualquer universo ficcional — e outros que trabalham com um universo próprio, quer seja de vampiros, de fantasia medieval ou futurista.

O RPG genérico permite que se jogue dentro de universos ficcionais já estabelecidos, como Monteiro Lobato fez com a narrativa alheia, de Homero a Cervantes. Este tipo de jogo abre a possibilidade de se criar aventuras a partir de, por exemplo, *Grandes sertões*, de Guimarães Rosa, ou *O guarani*, de José de Alencar.

O universo de *Grandes sertões*, inclusive, já foi explorado em roteiro da radionovela "Labirinto", da FM-USP, criada por jogadores de RPG e estudantes da Escola de Comunicação e Arte da USP.

Transpor *O guarani* para uma roda do jogo é perfeitamente possível por sua trama de aventuras e combates. Para a literatura em geral, o RPG genérico deveria ser uma vantagem em termos de estímulo à leitura, como uma iniciação a títulos dos quais a geração dos que jogam ainda não teve acesso.

O RPG norte-americano genérico não cumpre este papel porque o sistema de regras é muito complicado para o público em geral, como se verá adiante, e se afasta em demasia do que é essencial para manter uma narrativa coerente.

Os livros de regras que existem no mercado funcionam — uns mais, outros menos — como uma introdução aos mistérios da narrativa ficcional. Na maioria das vezes, o jogo se desenvolve em torno de uma mesa — o mestre e mais cinco ou seis jogadores. Boa parte dos RPGs existentes no mercado prevêem a utilização de dados de várias faces, que ocupam na narrativa do grupo o papel do acaso ou da sorte nas narrativas de ficção. Os dados possibilitam que certas ações tenham um desenlace que não o esperado pelo jogador.

O *Roleplaying Game* surgiu nos Estados Unidos, no início da década de 1970, como a evolução dos jogos de guerra[2] e muito influenciado pela literatura de Tolkien[3]. Poderia, também, ter surgido no Brasil, influenciado pela literatura de Lobato.

Em 1997, data de defesa da tese "*Roleplaying Game:* a ficção como jogo" já existiam, no Brasil, jogos nacionais de RPG[4]: ilustradores, tradutores e editores de arte se especializavam em traduções adequadas ao mercado brasileiro. Era grande também o número de publicações de aventuras solo, os chamados livros-jogos.

Em 1994, surgiu na ECA-USP a radionovela citada anteriormente, nos moldes do RPG, na qual as aventuras eram transmitidas e em determinadas situações os ouvintes convidados a participar opinando sobre como as situações deveriam ser resolvidas ou, até, sobre a própria condução da trama[5].

A quantidade de material gravado por mim, na pesquisa de campo, de 1993 a 1997, permitiria discutir a recepção dos mestres e jogadores por meio da análise das narrativas observadas. A opção por não enveredar por esse caminho — o do estudo da recepção — deveu-se ao fato de que isto demandaria outro tratamento teórico que não estava previsto no início da pesquisa e que comprometeria a genealogia e a interpretação pretendidas nesta tese.

É possível que este estudo pudesse desdobrar-se em uma abordagem que priorizasse a relação entre a análise dos textos e as narrativas orais produzidas no momento do jogo. Uma abordagem que buscasse detectar se o código inicial — regras estabelecidas pelos autores dos livros — corresponde ao dos destinatários (jogadores). A pesquisa de campo possibilitaria estabelecer quais os novos significados atribuídos à mensagem, como estrutura significante, no momento da recepção.

No entanto, o estudo semiológico esclarecedor dos significados da mensagem no momento da emissão foi a prioridade teórica na tese por mais que fosse interessante ir adiante.

Quando terminei a tese, esperava, em outro momento, cotejar a análise dos livros de regras, feita aqui, com a das narrativas produzidas pelos jogadores, recolhidas na pesquisa de campo.

Ocorre que exercitar a pedagogia da imaginação foi, para mim, uma tentação irresistível, logo se verá por quê.

No caminho para construir uma interpretação do *Roleplaying Game* que levasse a compreender qual o "modo de produção" das narrativas surgidas nas rodas de jogadores, deparei-me com um grande obstáculo: a falta de interdisciplinaridade que todos lamentam, mas permanece existindo, inclusive nos cursos de pós-graduação[6]. Pela dificuldade de estudar a narrativa oral sem contextualizá-la, procurei o auxílio da antropologia, da comunicação social e da história para estabelecer o contexto do *Roleplaying Game* como narrativa oral.

Tentei resumir — para esclarecer, não para simplificar — a polêmica sobre os conceitos de literatura, arte, ficção e literatura de entretenimento. Nesta tentativa, a opção foi trilhar o caminho solitário e, talvez, sem "charme" acadêmico, do óbvio. Como Peter Brooks destaca em *Reading for the plot*, o óbvio pode ser o assunto mais interessante, assim como o mais difícil para se conversar sobre.

Para construir um significado do objeto RPG, lancei mão de conceitos, como os de ficção, narrativa, personagem, história ou fábula e enredo. Estes conceitos, para meu espanto, não se encontram definidos de forma precisa nos livros didáticos de língua portuguesa que milhões de estudantes do segundo segmento do ensino fundamental e do ensino médio têm acesso.

Constitui um problema o fato de que a educação formal anterior à entrada na universidade não defina com clareza conceitos relacionados com uma necessidade intrínseca do ser humano que é a de imaginar. Nos livros didáticos usados até o final do segundo grau, esses conceitos estão dispersos e também sua ligação com o contexto histórico e social, como se fossem obrigatórios anos e mais anos de estudo para se conseguir definir e aplicar os elementos da narrativa[7]. É interessante observar que esses conceitos são trabalhados com mais objetividade nos livros de regras de RPG do que nos manuais didáticos.

Durante quatro anos, observei partidas do jogo, organizei dois seminários, um na pós-graduação da PUC, outro no Centro Cultural Banco do Brasil, onde jogadores e convidados debateram o RPG, entrevistei mestres e autores de *Roleplaying Game*, li e analisei os livros de regras de RPG. O objetivo deste processo foi estabelecer um diálogo entre interpretante e interpretado, para que o sistema do jogo fosse reconstruído e analisado. É claro que esta reconstrução produz uma interpretação autoral porque, enquanto pensamento e resultado, está sempre em função do interpretante[8].

Apesar de ser impossível mensurar a influência do RPG na formação de milhares de jogadores, o certo é que, sem esta modalidade de "brincar", seus aficionados, provavelmente, só teriam como iniciação à ficção aquela à qual têm acesso no contexto escolar brasileiro[9].

Os principais conceitos sobre Real e Ficção interessam à identificação do que se acredita constitua a unidade latente dos livros de regras e das narrativas de RPG analisadas no decorrer da minha pesquisa e da redação da tese.

A combinação entre leituras teóricas e pesquisa de campo permitiu a identificação do modo de produzir ficção proposto pelos livros de regras do RPG.

A teorização oriunda da Escola de Constantz determina conceitos fundamentais para se entender como funciona a narrativa proposta pelos livros de regras para os grupos de RPG.

Para Jauss (a:326) a Estética da Recepção tem suas premissas em torno de três níveis da leitura hermenêutica: compreender, interpretar e aplicar.

Existe um horizonte progressivo de leitura que, no processo de percepção estética do leitor, vai se ampliando no rumo da construção de sentido que busca encontrar o significado completo do texto. A questão principal da recepção interpretativa é saber se existe no texto um princípio de unidade latente, geralmente reconhecível a partir da segunda leitura.

O princípio de unidade dos livros de regras de RPG é o de ensinar a produzir ficção em grupo, sob forma de jogo, oralmente. Trata-se, portanto, de um discurso utilitário definido aqui como aquele em que a "utilidade" é mais importante do que a função estética.

Ainda no terreno da Recepção, Gumbrechet (1979:200) coloca que a pesquisa dos fenômenos textuais que formariam a unidade latente do objeto da interpretação pode se orientar pelo tipo de texto e de acordo com os procedimentos analíticos com que está familiarizado o interpretante[10]. No caso do *Roleplaying Game*, por tratar-se de objeto ainda pouco estudado, o diálogo entre abordagens teóricas não-conflitantes é fundamental.

O *Roleplaying Game*, enquanto jogo de produzir ficção, possui seus antepassados no terreno da narrativa na epopéia, no mito, nas lendas, no conto maravilhoso, no folhetim. Esta genealogia pode ser rastreada a partir de características marcantes das narrativas produzidas pelos grupos de RPG:

- é um enredo de aventura;
- o enredo é freqüentemente imbricado com cenários ou elementos de fantasia;
- os protagonistas, via de regra, possuem atributos fora do comum, atuando em muitas das narrativas fora dos limites do cotidiano;
- o enredo se desenvolve a partir de um pacto ficcional entre os produtores/jogadores e os assistentes/leitores, pacto este que elimina o estranhamento frente aos elementos não realistas do mundo em questão.

Por representar, como se verá adiante, uma forma nova no universo do jogo, onde este princípio de unidade está mais claro, "Vampiro" — o último dos três jogos a surgir no mercado (1992) — é examinado de forma mais detalhada.

A ênfase na análise dos limites está, para o objetivo deste estudo, pela proximidade com a matriz literária. Os limites são também examinados mais de perto em "Vampiro".

Objetivando contextualizar a relação entre RPG e cultura de massa, apresento, brevemente, conceitos e discussão sobre o tema. Brevemente, porque tento questionar, ao mesmo tempo, a pasteurização e a "demonização" desta forma de produzir cultura, sem tornar esta relação minha prioridade.

As conclusões da tese defendida em 1997 levantavam algumas pistas sobre possíveis caminhos a serem trilhados em pesquisa futura para identificar até que ponto o RPG vinha contribuindo para algo semelhante ao que Ítalo Calvino denominou de "Pedagogia da Imaginação"[11].

Meus estudos sobre *Roleplaying Game* foram realizados a partir de pesquisa de campo por causa da ausência de estudos anteriores sobre o tema e pela oralidade das narrativas de RPG. O interesse pelo tema e a confiança depositada nesses estudos por várias instituições, como o Departamento de Letras da PUC-Rio, a Editora Devir, a Secretaria Municipal de Cultura do Rio de Janeiro e o Centro Cultural Banco do Brasil, contribuíram para o sucesso da pesquisa[12].

Consta das Referências Bibliográficas uma amostra de títulos de livros e filmes "aparentados" com o RPG e com as narrativas produzidas pelos jogadores. A inclusão destes títulos está relacionada com maior informação sobre o jogo.

Algumas coisas poderiam ser acrescentadas em relação ao desenvolvimento do RPG no Brasil. O sincretismo — especialmente as manifestações no terreno religioso —, traço marcante na cultura brasileira, facilitava, em 1997, o trânsito pela fantasia aos jovens que jogavam RPG.

No contexto brasileiro onde realidade e sobrenatural coexistiam nos "despachos" de esquina e superstições diversas, a idéia de bruxas ou demônios numa trama ou a utilização de magia por parte das personagens não parecia incomodar os jogadores ou seus familiares. O contrário parecia acontecer nos Estados Unidos, onde várias editoras já foram processadas por abordarem tais temas nos seus RPGs. Hoje, com o crescimento das Igrejas evangélicas e dos distúrbios mentais piorados com o uso de drogas, é possível que um certo preconceito se instale contra as rodas de RPG. Tomara que não.

Notas

1. Conforme limites do estudo de produtos da indústria cultural colocados por ECO, Umberto, *Apocalípticos e integrados*:19.

2. Criados no século XIX, na Alemanha, a partir de simulações de batalhas e que evoluiu para jogos de tabuleiro, sempre em torno de objetivos bélicos.

3. Tolkien (1892-1973), professor de Oxford, criador do mundo da Terra Média com mitologia e linguagem próprias, habitado por elfos, anões, magos e *hobbits*, povo de baixa estatura, sem os predicados de coragem e excelência normalmente vinculados à palavra herói. Seu livro mais famoso talvez seja a trilogia *O senhor dos anéis*, que vendeu milhões de exemplares, mas Silmarillion é o que descreve detalhadamente o mundo por ele criado, sendo o grande esquema narrativo de toda sua produção. O mundo criado pelo autor é semelhante ao do chamado de fantasia medieval e é considerado a fonte mais próxima do surgimento do *Roleplaying Game*, com a publicação, em 1973, do *Dungeons & Dragons*. Existe outro RPG, o *Midle Earth Roleplaying Sistem*, assumidamente baseado na obra de Tolkien.

4. O RPG produzido totalmente no Brasil — texto, ilustrações, edição — ainda não tinha definido, até 1997, um perfil próprio. *Tagmar*, o primeiro escrito e editado por brasileiros, foi fantasia medieval. O segundo, *Desafio dos bandeirantes*, misturou história do Brasil com ficção. Na época não estava claro, até onde pude perceber, qual o caminho que os jovens autores e editores pretendiam seguir ou qual a definição deles sobre o que seja RPG nacional. Se é o que parte de temas nacionais ou o criado por brasileiros, refletindo a maior liberdade cultural — ou maior sincretismo cultural — que o jogo, aparentemente, usufrui aqui.

5. A respeito da experiência da radionovela *Labirinto*, consultar entrevista e debate com Luciano Alves Onça, no Projeto RPG & Arte.

6. É possível que algumas alianças, como a que existe entre literatura e psicanálise, sejam tão disseminadas que acabem por se superficializarem. Outras, no entanto, como entre a atividade ficcional e a história, precisam ser constantemente construídas.

7. Peter Brooks coloca que uma criança não alfabetizada — estimulada pela "contação" de histórias — é capaz de perceber perfeitamente a lógica e a composição da narrativa

literária. Tudo indica que o ensino de literatura na escola ignora a possibilidade de desenvolver esta habilidade fora dos cursos de letras e da pós-graduação em literatura. Ver *Reading for the plot*, p. 11.

8. Darnton alerta para o fato de que historiadores da história social das idéias têm tentado mostrar como o pensamento organiza a experiência social e transmite significado por entre o conjunto dos cidadãos, ao invés de funcionar como simples reflexo da organização social. Ver Darnton, R., *O beijo de Lamourette*, p. 193.

9. Não cabe, nos limites desta tese, discutir as limitações das formas "oficiais" de ensinar ficção na escola. O que foi por mim observado — por meio de oficinas literárias com professores em vários locais do país — é que a maioria das experiências relatadas é, no máximo, relacionada com a interpretação do texto ficcional e não com as formas de produzi-lo. A escola, com raras exceções, não privilegia a identificação de estratégias literárias, não exercita o como fazer, não abre espaço para o exercício da imaginação. Ler apenas não basta, é o que indica o sucesso do RPG.

10. Nesta tese, se optou pelo uso combinado da história intelectual, da estética da recepção e da semiologia de Eco.

11. Italo Calvino discute em *Seis propostas para o próximo milênio* a necessidade de uma "Pedagogia da Imaginação" que nos prepare para controlar as imagens que permeiam nosso interior, sem sufocar a visão e sim ordenando-a: "A fantasia é uma espécie de máquina eletrônica que leva em conta todas as combinações possíveis e escolhe as que obedecem a um fim, ou que simplesmente são as mais interessantes, agradáveis ou divertidas" (op. cit., p. 107).

A urdidura das seis propostas — que, na verdade, são cinco — é exatamente colocar em andamento a máquina de narrar que habita todos os seres humanos, mas que em muitos se atrofia por falta de percepção acerca de sua importância ou por falta de iniciação aos seus mecanismos.

12. No primeiro semestre de 1994, pude realizar com o apoio do Departamento de Letras da PUC, da Secretaria Municipal de Cultura e da Editora Devir, um seminário na pós-graduação da PUC-Rio. Neste seminário ocorreram mesas de jogo, palestras com editores, autores e livreiros de RPG. Por cortesia especial da Editora Devir, o seminário contou com a presença do autor americano Mark Rein•Hagen, que fez uma palestra com tradução simultânea gentilmente realizada pela professora Angela D'Aguiar, professora de língua inglesa dessa universidade. Todo esse material está transcrito para análise, sendo a transcrição patrocinada pela Secretaria Municipal de Cultura do município do Rio de Janeiro em atendimento ao projeto apresentado pela autora. O extrato é encontrado nos anexos I e II do original da tese, na biblioteca central da PUC-Rio juntamente com a íntegra da entrevista com o autor de *Vampiro* — o RPG de terror mais popular no Brasil —, e com a transcrição de uma das partidas de RPG gravadas pode ser encontrado no original da minha tese na biblioteca central da PUC-Rio.

No período de março a maio de 1995, criei e coordenei o Projeto RPG & Arte para o Centro Cultural Banco do Brasil (CCBB). Este projeto constou de um ciclo de debates com seis mesas-redondas, a exibição — seguida de debate — de três filmes dos gêneros fantasia, terror e ficção científica, oito semanas de mesas de RPG com mestres convidados e a realização de um CD-ROM, o primeiro multimídia produzido pelo CCBB, com trezentas e noventa referências de literatura, pintura e cinema relacionando a produção artística em geral com os itens e mundos que compõem as narrativas de RPG. Além disto, a íntegra das palestras e debates foi publicada no ano de 1996 em livro com edição conjunta da Superintendência-Rio do Banco do Brasil e do CCBB.

> CAPÍTULO 2 <

Real e ilusão: Os segredos da ficção

As matrizes narrativas dos jogos de criar histórias e dos jogos de representação (RPG)

A ilusão do real e o real da ilusão

A opção em discutir a ficção e não a literatura deve-se ao fato de que todos podem ter acesso à primeira, enquanto em relação à segunda é antiga, permanente e intensa a controvérsia. Literatura é ficção, mas ficção pode ou não ser literatura, dependendo do ponto de vista de quem ou quais grupos de poder cultural a definem e em que época.

A fuga desta polêmica, que deve ter consumido milhares de páginas de teses acadêmicas e outro tanto de obras fora muros universitários, é proposital. Todo ser humano precisa da ficção, pratica ficção. A vida de cada um está ligada às narrativas que são pensadas, sonhadas, imaginadas ou contadas. Mesmo que inconsciente, existe um permanente monólogo interior narrando a vida, reinventando-a, projetando-a. Este monólogo interior imbrica-se com as narrativas que cada um expõe ao outro na convivência social e mistura-se, nessa mesma convivência, com outras histórias inacabadas, numa constante construção narrativa.

Literatura é indissociável do "belo" e da autonomia da linguagem, categorias necessariamente sujeitas às flutuantes fronteiras da abordagem teórica e do gosto individual, social, histórico. Importa que a fonte das duas palavras — ficção e literatura — é a mesma.

Não existe um parâmetro que estabeleça qual é, essencialmente, o texto que é literário ou não. Relatos administrativos de Graciliano Ramos tinham uma função utilitária e, no entanto, encontra-se ali a possibilidade de leitura poética.

A literatura é uma ficção: eis sua primeira definição. A segunda é que a literatura é um sistema que chama a atenção sobre si próprio, que se torna autotélico. A definição dominante de literatura, mesmo que a formulação varie, é a da predominância da função poética, não utilitária, expressão em si mesma. Em suma, o predomínio do "belo", substituído pelo termo "forma" e mais tarde pelo termo "estrutura" (Todorov (a):16).

> Se é certo que muitas das obras estudadas como literatura nas instituições acadêmicas foram "construídas" para serem lidas como literatura, também é certo que muitas não o foram. Alguns textos nascem literários, outros atingem a condição de literários, e a outros tal condição é imposta (Eagleton, p. 9).

A vantagem de usar o termo ficção é que este inclui descrição — apresentação de um estado — e narrativa — apresentação do desenvolvimento de uma ação. Além disto, o termo ficção chama a atenção para "o uso transitivo e referencial que se faz das palavras nos dois casos" (Todorov (a):62).

A fonte, a matéria-prima da ficção — e da literatura, termo que por ora abandono —, seria os acontecimentos da vida cotidiana e as pessoas. Esta fonte acaba não sendo tão primária, ou tão fonte, porque o que vemos dos acontecimentos e das pessoas que nos cercam já é uma ficção em si, porque é a forma como os acontecimentos e as pessoas são representados à nossa visão. No que diz respeito aos eventos humanos, dores, alegrias, paixões, qualidades e vícios só existe leitura e só existe ficção.

Querendo ou não, com ou sem consciência disto, o ser humano vive imerso na ilusão do real, que seria a matéria-prima da ficção.

O real não existe. O que existem são leituras sobre o real, são representações a respeito do real. É claro que existem os fatos, os objetos, a matéria. E a partir dessa materialidade, existirão tantas construções ilusórias ou ficcionais, no sentido de inventadas, quantos forem os seres humanos que se debruçarem sobre o concreto.

A grande diferença entre a ficção "ilusória" em que vive a maioria das pessoas e a ficção "profissional", a narrativa ficcional deliberada, é que o ficcionista trabalha, assumidamente, a partir da visão que tem dos acontecimentos e das pessoas que o cercam. Constrói uma narrativa a respeito do que viveu ou viu ou ouviu falar ou ainda sobre o que leu. O ficcionista organiza esta experiência de primeira ou segunda mão. Seleciona elementos da realidade extratextual — a partir da leitura que ele, ficcionista, faz da realidade — e combina esses elementos de forma a fazer sentido, muitas vezes mais sentido do que a vida. A ficção consegue esta proeza porque tem a intenção de consegui-la por meio da demonstração de uma verdade inventada.

> Todos sabemos que a maior parte da vida escapa aos nossos sentidos: a mais poderosa explicação das várias artes é que elas falam de temas que só podemos começar a reconhecer quando se manifestam em ritmos e formas (Brook, p. 39).

Uma passagem do livro *O picapau amarelo* é interessante para discutir o que é verdade, o que é invenção. Trata-se de uma conversa entre a Emília e o Capitão Gancho, na varanda do sítio de Dona Benta, no momento em que outros mundos ficcionais são incorporados ao real-ficção de Monteiro Lobato.

Estão na varanda, comendo pipoca, Capitão Gancho e Don Quixote de La Mancha. Don Quixote critica o absurdo de um escritor espanhol tê-lo representado como um louco, um desvairado, que não combate nenhum monstro, não destrói nenhum gigante. O Capitão Gancho, solidário, retruca que a ele, também, um escritor inglês colocou tomando uma surra de uma criança chamada Peter Pan. Emília, ouvindo a conversa, protesta que as coisas realmente se passaram assim. Ela leu em *As aventuras de Peter Pan*. O Capitão Gancho, então, responde à Emília que não tem importância que ela tenha lido, porque os livros mentem tanto quanto os homens.

Esta é uma discussão importante sobre a ficção dos livros — ou das peças de teatro e filmes — e a ficção dos homens. As pessoas ficcionalizam o real, nunca dão a notícia de um fato da mesma forma, a interação do indivíduo com o "texto" da realidade é única, cada qual acrescenta, suprime ou enfatiza elementos da narrativa sobre o real dependendo do seu horizonte de expectativa[1]:

> A atitude de interação tem como précondição o fato de que texto e leitor estão mergulhados em horizontes históricos, muitas vezes distintos e defasados, que precisam fundir-se para que a comunicação ocorra. São estes os quadros de referências antes aludidos, a que Hans Robert Jauss chama de *horizontes de expectativas*, os quais incluem todas as convenções estético-ideológicas que possibilitam a produção/recepção de um texto. Regina Zilberman arrola as seguintes ordens de convenção constitutivas do horizonte de expectativas através do qual o autor/leitor concebem e interpretam a obra:
>
> — social, pois o indivíduo ocupa uma posição na hierarquia da sociedade;
> — intelectual, porque ele detém uma visão do mundo compatível, na maior parte das vezes, com seu lugar no espectro social, mas que atinge após completar o ciclo de sua educação formal;
> — ideológica, correspondente aos valores circulantes no meio, de que se imbui e dos quais não consegue fugir;
> — lingüística, pois emprega um certo padrão expressivo, mais ou menos coincidente com a norma gramatical privilegiada, o que decorre tanto de sua educação como do espaço social em que transita;
> — literário, proveniente das leituras que fez, de suas preferências e da oferta artística que a tradição, a atualidade e os meios de comunicação, incluindo-se aí a própria escola, lhe concedem (1982:103) (Bordini, p. 83).

Na área do direito, a tendência a ficcionalizar o real deve adquirir contornos, no mínimo, graves porque pode-se ter duzentas versões de um crime se existirem duzentas testemunhas.

As pessoas produzem textos ficcionais, no dia-a-dia, sem consciência disto. É a ilusão do real praticada por multidões. A mesma ilusão está presente na recepção do texto alheio, em especial o veiculado pelos órgãos de comunicação.

No discurso dito pragmático — o que se propõe a expressar o real — existe também uma seleção e combinação de elementos que o torna, em certa medida, também discurso ficcional, no sentido de leitura e invenção a partir da realidade que objetiva apresentar. O olhar que se debruça sobre o texto pragmático precisaria ser muito cuidadoso e, no geral, é completamente inocente.

Na ficção, enquanto atividade, inexiste compromisso com o que está realmente acontecendo, com o que está sendo vivido, sentido por pessoas reais num mundo real. Na recepção, no entanto, é assumido como inventado, como ilusório, apesar de também existirem ali elementos de realidade. A maioria das histórias de ficção contém elementos de não-ficção e, inclusive, alguns gêneros de ficção são, em parte, definidos pelos compromissos não-fictícios envolvidos na obra. O discurso ficcional é o real da ilusão[2].

Ficção é composição e invenção a partir de eventos humanos, de emoções humanas com uma idéia de continuidade, de totalidade que a realidade não possibilita. Este é o material sobre o qual trabalha o ficcionista, moldando, excluindo elementos, inserindo outros que não estariam ali originalmente, mas poderiam estar.

Bentley conta que Virginia Woolf referiu-se certa vez à ficção como um prolongamento da bisbilhotice humana. Para Bentley, a ficção é uma prova do interesse do ser humano pela informação sobre outros seres humanos, particularmente por aquele tipo de informação que é retido, negado ou está ausente na vida real. O gosto pela ficção estaria relacionado com o gosto pelo escândalo, e este interesse justificaria a apreciação de obras violentas[3].

É importante acrescentar ao colocado por Bentley que não apenas o interesse por informações sobre o Outro justifica o interesse pela violência ou pelo escândalo. Obras violentas podem oferecer a oportunidade de viver, conhecer, avaliar a violência a distância, sem compromisso com a realidade vivida.

Uma obra de ficção não precisa ser — e geralmente não é — construída inteiramente por um discurso fictício. Uma das características que definem a ficção é exatamente as intenções ilocucionárias do autor, porque este "finge" desempenhar atos ilocucionários que na verdade ele não está desempenhando.

O contrário também é possível. No processo de ilusão do real, o autor do texto jornalístico "finge" que está retratando a realidade quando está, na verdade, apresentando seu discurso, sua "verdade" a respeito.

A obra *Um conto de duas cidades*, de Charles Dickens, ilustra bem a eficiência com que a ficção transmite a "realidade". A partir de uma história de semelhanças físicas, coincidências trágicas e rancores pessoais, o autor traça um grande painel do período do Terror durante a Revolução Francesa[4]. Esta obra, que é uma história inventada, é uma das boas reflexões existentes sobre a Revolução Francesa, a revanche dos oprimidos, a crueldade dos opressores e outros temas sociopsicológicos.

Dickens discute, inventando, o real em várias áreas do conhecimento humano. Esse "real" inventado — publicado um século depois dos fatos que levaram à guilhotina culpados, inocentes, vencidos, vencedores e dissidentes — permite toda uma reflexão que a ilusão do real da época em que os fatos ocorreram não permitiria. Não haveria um mínimo de debate sobre, qualquer que fosse o lado que se tomasse, quer baseando-se nas fontes dos revolucionários, quer nas fontes dos emigrados.

É possível argumentar que um historiador, um cientista, tomando as fontes da época com neutralidade, teria condições de propor uma análise que não representasse uma visão particular. Não existe neutralidade, qualquer que seja o recorte, ele é sempre intencional e produzirá uma interpretação autoral, por mais consistente que seja.

Narrativa, história e enredo

A narrativa ficcional é o discurso que evoca um mundo concebido como real, num espaço determinado, podendo ser o mundo de personagens e do narrador.

Para existir a narrativa ficcional há de existir a história, meio caminho entre a vida e a narrativa. Uma boa porção de incidentes, como bisbilhotice, escândalo, acidentes mortais e catástrofes, todos eles ligados pela palavra *e*. Basta contar o incidente A para que se deseje conhecer o incidente B.

> Foi esse o segredo de Scheherazade nas *Mil e uma noites*. Mantinha o rei tão interessado em A e B que ele refreava o intuito de a decapitar, para não perder a narrativa de C e D. Esse rei assemelha-se à "resistência" de todos os leitores; e Scheherazade a todos os contadores de estórias e dramaturgos (Bentley, p. 25).

A história ou fábula é o relato dos fatos que ocorrem na narrativa, ordenados temporalmente e ligados entre si por um índice de causalidade (Eikhenbaum, p. 173).

A diferença, para Bentley e Eco, entre história e narrativa é o enredo, a narrativa com retoques, a organização intelectual do caos da vida real. O enredo, intriga ou *plot*, permite que uma história se torne um discurso, uma narrativa necessariamente ficcional e, dependendo do formato ou da recepção, uma narrativa literária.

É a lógica e a dinâmica da narrativa — o que Peter Brooks define como o *plot* e o que Aristóteles entendia como *mythos*, a combinação dos incidentes ou coisas acontecidos na história — que fazem a diferença. É a exposição, o narrar, que organiza o resto. O narrar — com a extensão que pode ser alcançada pela memória — é que permite se estabelecer relações entre início, meio e fim. É uma estrutura intencional orientada para um objetivo, é a ligação entre a história, temporal, e a narrativa, onde os acontecimentos são apresentados para produzir determinado efeito.

O enredo é a organização dos incidentes de maneira calculada. Os incidentes selecionados não são os banais, não são os retirados da média do cotidiano, e sim aqueles que na vida favorecem o reconhecimento da complexidade não aparente. O enredo é a história como é contada, com seus deslocamentos temporais, descrições e digressões. O que comove o leitor é principalmente o enredo, mais do que a história.

É por meio do enredo que as personagens se expõem, mostram seu caráter e toma forma uma situação produzida por comportamentos humanos. Para Umberto Eco, o enredo é a estruturação de uma ação, porque é a composição do enredo que dá ao leitor ou espectador a imagem da ação[5].

O enredo é a medida da Arte na narrativa. Os elementos do suspense são, portanto, a história e a expectativa gerada pela admiração pelo que aconteceu. A expectativa existe na medida da engenhosidade do enredo, manipulando surpresa e suspense.

Mímesis, portanto, não é imitação — nem em Aristóteles —, porque nela intervém a mão do artista. E a mão do artista intervém no enredo como os antigos oráculos, porque tudo o que acontece no último capítulo já estava previsto no início da trama.

Um exemplo da diferença que faz o enredo é encontrado na comparação entre *Antígona*, de Sófocles, e *As fenícias*, de Eurípides. A história é a mesma, pois extraída do mito. A maldição lançada sobre os filhos de Édipo, Etéocles e Polinices, que assassinariam um ao outro na disputa pelo trono de Tebas. Os dois tentam evitar o destino, mas sucumbem por serem acometidos pelo descomedimento, pela *hybris* fatal aos homens. Creonte, tio de ambos e regente de Tebas, proíbe o enterro de Polinices; Antígona opta por garantir o sepultamento do irmão e é condenada à morte.

No enredo construído por Sófocles, a ação está concentrada em obedecer ou não a Lei do Estado (Creonte). A polaridade entre Antígona e Creonte, entre Antígona e Ismene e entre Hemon e Creonte gira o tempo todo em torno desta questão. Polinices e Etéocles — pivôs da disputa — estão, inclusive, mortos antes de começar a trama.

Em Eurípides, o enredo é completamente diferente, apesar de partir da mesma história. Os irmãos Etéocles e Polinices estão vivos, a *hybris* deles é presenciada por Antígona e, surpreendentemente, por Jocasta. Eurípides "ressuscita" Jocasta, "enterrada" por Sófocles em *Édipo rei*, para aterrorizar o leitor com o que representa para a mãe as repercussões dos seus atos. Sim, porque as dimensões do sentimento de contestação ao pai, da rivalidade fraterna e das dificuldades de resistir às *Moiras* são mais intensos em *As fenícias*[6].

O mesmo mito, a mesma história, enredos completamente diferentes, conclusões a respeito da vida e do direito, diversas também. A diferença entre as duas peças clássicas está entre as colisões provocadas pelo enredo, pela construção das personagens, pelos diálogos, pelo pensamento diverso dos autores sobre o mito.

A ação ficcional — narrativa ou dramática — depende, para existir como tal, de uma matriz apreendida (*mímesis*) nos comportamentos humanos. A ação é desenvolvida no enredo, por meio do qual as personagens assumem seu perfil e agem sempre pela influência de comportamentos humanos anteriormente observados e considerados significativos para o bom desempenho da ação. Não se trata de imitar a matriz observada, assimilada na realidade. Isto vale para as personagens e para os fatos que a ficção apresenta. A ficção busca dar vida às ações que poderiam ter acontecido, ações, portanto, verossímeis. O enredo, como composição de fatos que nos permitem "ver" as personagens e suas ações, precisa seguir:

> ... a lei da verossimilhança [*que*] é a lei estrutural, de sensatez lógica, de plausibilidade psicológica; e melhor ainda que em mimese, poder-se-ia falar em *estruturação de uma ação* ... A ação será então o verdadeiro objeto dramático, o complexo dos fatos mais aquele seu significado que o autor pretente comunicar (Eco (a):218).

Ação não é apenas os fatos externos se sucedendo, mas também o discurso segundo o qual as personagens se expõem aos outros e a si mesmas. Ocorre ação dramática ou narrativa quando ocorre *mímesis* de comportamentos humanos, não como imitação de fatos ocorridos, mas como forma verossímil do que poderia ter acontecido, pela coerência e desenvolvimento da ação.

A personagem

A personagem fictícia tem como princípio as pessoas na vida, mas não as pessoas em carne e osso, porque estas existem em função da representação que se tem delas. O que costuma ocorrer, na vida, é a inconsciência da representação produzida pelo olhar.

Todo ser humano real é representado aos olhos de um outro ser, também real, que o enxerga não necessariamente da maneira que ele é ou imagina ser. Na vida, como na arte, existem representações, existe invenção sobre o que vemos e sentimos. A personagem é baseada no ser humano, mas significa a visão autoral de um ser humano sobre outro tomado como matéria-prima, ou fonte de inspiração, não o ser humano em si.

A personagem precisa ser definida para existir na narrativa ficcional, o número de orações utilizadas para configurar as personagens é finito, sobrando, portanto, uma grande área indeterminada que potencializa uma variedade de interpretações.

A limitação de precisar definir por meio de um conjunto finito de orações a personagem de ficção acaba dando a esta um caráter mais rico do que aquele que o convívio com as pessoas reais proporciona. Existe uma *convencionalização* da personagem que se define pelos traços que se seleciona, graças à impossibilidade de abarcar a totalidade de quem quer que seja, no terreno do real ou da ficção.

A veracidade ou a coerência interna da personagem depende da função que ela exerce na estrutura da narrativa e não de sua correspondência com o mundo real; depende, portanto, da maneira como as características selecionadas são combinadas.

Os traços estabelecidos na *convencionalização* não podem ser aleatórios ou supérfluos, todos precisam ter um sentido útil para a economia da narrativa a ser proposta, para a coerência interna da personagem.

O autor pode destacar a essência da personagem, selecionar situações decisivas para sua atuação, o que leva a uma maior coerência da personagem de ficção e maior exemplaridade.

Antonio Candido ressalta que no momento em que um fato, um ato, um pensamento, expresso na ficção aparece como inverossímil, isto se deve a que o traço em questão é falso frente às condições estabelecidas pelo autor e que regem cada obra:

> ... na vida tudo é praticamente possível; no romance é que a lógica da estrutura impõe limites mais apertados, resultando, paradoxalmente, que as personagens são menos livres, e que a narrativa é obrigada a ser mais coerente do que a vida (Antonio Candido, p. 76).

Para Umberto Eco, uma personagem é convincente quando seu autor usa com coerência os meios escolhidos para construí-la. Quanto mais acertadas forem a seleção e a combinação dos elementos da realidade, escolhidos para a composição da personagem, mais eficiente e convincente ela será.

> A personagem bem realizada — sentida como tipo — é uma fórmula imaginária com mais individualidade e viço do que todas as experiências verdadeiras que resume e emblematiza. Uma fórmula ao mesmo tempo *fruível* e *crível* (Eco (a):225).

Apesar da pretensão ficcional de delimitar completamente uma personagem por meio de um número finito de orações, devemos considerar que

> As "grandes personagens" — Hamlet, Fedra, Fausto, Don Juan — contêm algo de enigmático. Nisso, colocam-se em solene e rematado contraste com, por exemplo, as pessoas do atual teatro psicológico, que são completamente explicadas (Bentley, p. 72).

Uma personagem é bem construída quando na sua composição um elemento puxa outro e cada um deles é indispensável. A partir de um repertório de realidade — contexto social e alusões literárias —, os elementos são selecionados e combinados por quem conta a história de forma que sabe-se mais sobre a personagem de ficção do que sobre qualquer pessoa da vida real.

> Assim, com base em possibilidades estruturais objetivas, a tipicidade da personagem se define na sua *relação com o reconhecimento que o leitor nela pode efetuar.* A personagem bem realizada — sentida como tipo — é uma fórmula imaginária com mais individualidade e viço do que todas as experiências verdadeiras que resume e emblematiza (Eco (a):225).

Para Forster, as personagens fictícias se dividem em "planas" e "redondas". A personagem "plana" seria a repetidora de esquemas previsíveis, superficiais, sem características individuais marcantes. A diferença, para Bentley, entre personagem "plana" e "redonda" está no fato de que a personagem "plana" é rotulada e definida como tipo por suas características abstratas.

A personagem não-típica é definida pela sua fala e ação. Sua experiência é que é típica, não suas características, daí o horror e a piedade que provoca.

O tipo se concretiza na obra. A identificação das pessoas é com aquela personagem específica, pela coerência e credibilidade da construção de figuras de notável individualidade. O que é típico é recorrente e identificável na vida real pelo conjunto dos leitores da obra.

Bentley, assim como Eco, discutem a tipicidade nas personagens secundárias e nas principais. O tipo como personagem secundária é essencial para o enredo, mas a identificação generalizada com os heróis da tragédia leva a crer que esse herói também é típico no sentido de que existem características dele em cada um de nós.

As personagens principais que são tipos podem se transformar em arquétipos, pelo que Bentley chama de "deslocamento de acentuação" (op. cit., p. 68). Suas experiências e características tipificam coisas maiores, o que permite a identificação muito mais intensa quando essas dimensões são colocadas com maestria. A questão do tipo e do "deslocamento da acentuação" que produz o arquétipo nos remete para o mito.

A personagem heróica representa o símbolo no sentido da manifestação do especial ou do geral no indivíduo e oferece a possibilidade de identificação das pessoas, independentemente de contexto histórico, social ou individual por meio do repertório mítico. Neste sentido, o herói é mais do que tipo, é símbolo da excelência e da vulnerabilidade humanas.

Na construção de personagens, é bastante diferente a utilização do tópico que difere do tipo, porque acessa o módulo imaginativo preexistente no repertório cultural. O uso do tópico substitui a invenção de figura ou situação necessária à experiência imediata.

Usando a metáfora de Calvino da "máquina de multiplicar narrativas"* a narrativa ficcional que utiliza o tópico limita-se a abrir um arquivo já criado e usá-lo sem a multiplicação (ou adição) da criatividade autoral.

Para Umberto Eco, a utilização do tópico se assemelha ao fazer do jogo infantil, onde uma coisa é transformada em outra sem construção, já que o autor considera que, para existir "invenção" deve-se renunciar aos módulos preexistentes.

A proposição de Eco é questionável, porque no jogo infantil não necessariamente deixa de existir construção. Transformar um cabo de vassoura em cavalo pode ser uma criação tão bem-acabada quanto a de transformar uma abóbora em carruagem. Depende da quantidade e da qualidade de ima-

---

* Ver CALVINO, Italo. *Seis propostas para o próximo milênio*, p. 137.

ginação envolvidas. Incluir, no entanto, uma espiã nazista de formas opulentas e atitudes sexuais devassas no interior de uma célula da resistência comunista num país ocupado, célula esta composta de homens cheios de ideais elevados e incorruptíveis, pode ser, dependendo do uso que se faz do tópico, uma saída ficcional pouco inventiva e de efeito risível. Nem sempre é possível, desejável ou necessário renunciar aos módulos preexistentes.

A ficção, a utilidade do seu discurso e a auto-ajuda

Engana-se quem pensa que a arte da ficção nos coloca frente ao desconhecido. A ficção nos leva a re-conhecer, a compreender o que já sabíamos, ou, pelo menos, teríamos condições de saber. Daí que toda ficção pode ter — dependendo da recepção a ela — elementos de "auto-ajuda".

O leitor ou o espectador da obra de ficção encontrará ali respostas que, individualmente, levaria muitas vidas para obter. É claro que depende do leitor e da obra. Mas, na ficção, estão os heróis, estão os vilões, os vampiros, os monstros, os obstáculos e os triunfos de forma concreta e metafórica. A vida é dramática, mas, se fosse assim vivida, o convívio social se tornaria insustentável. Ser humano algum resistiria se tivesse de reconhecer, a todo momento, a dramaticidade em seu cotidiano.

A ficção, no teatro representando e na literatura contando a vida, acaba sendo a mais forte demonstração de emoções e eventos humanos do que a própria. Para experimentar-se como suportável, a existência precisa ser vivida como mais prosaica do que realmente o é.

O papel da literatura neste território era já reconhecido por Freud, no início do século XX, no seu ensaio sobre a *Gradiva*, de Jensen[7], onde toda uma reflexão sobre o delírio e os sonhos se torna possível graças ao texto literário. O fundador da psicanálise conclui, a partir daí, que o escritor, por viver debruçado sobre as narrativas do seu inconsciente, muitas vezes esclarece o inconsciente alheio com igual ou maior pertinência do que o estudioso da mente.

As pessoas necessitam da imaginação por esta ser um elemento intrínseco da condição humana. É verdade que vivem separadas dela pelas pressões do cotidiano e pela idéia de que criar ficção é coisa para especialistas, autores.

No entanto, a opressão causada pela velocidade das transformações econômicas e sociais que o mundo vive neste novo milênio faz com que o retorno à ficção evidencie novas formas na relação entre ficção e receptor. Ou velhas formas recicladas.

A procura por narrativas da indústria cultural que permitam "colocar a mente no automático" não é um fenômeno novo. Desde a invenção da edição em grande escala, sempre houve multidões atrás de narrativas emocionantes e previsíveis. A novidade está na forma como os produtos ficcionais são reciclados. Paralelo às inovações, assiste-se, hoje, no mundo todo, à procura, também, pela ficção didática, a de auto-ajuda, que ensina como "suportar o inevitável", encontrar alternativas para crises, identificar o par perfeito, superar traumas de infância.

Esta demanda é respondida com o grande número de lançamentos sobre "auto-ajuda" ou autoconhecimento. Auto-ajuda seria o que os americanos chamam de *how to do*, como fazer.

A ilusão do real, de novo. São obras construídas no sentido de satisfazer expectativas do tipo "se eu passar a agir assim, serei salvo" ou "minha vida vai melhorar". Uma parcela muito grande de leitores, atualmente, trabalha com a ilusão do real em termos de autoconhecimento e auto-ajuda.

O certo é que, em termos mercadológicos, a "auto-ajuda", algumas vezes, escolhe criar ficção e embutir no discurso ficcional foros de realidade, como relatos de experiências novas de caráter edificante. A proposta, de fundo, é a de substituir o re-conhecimento possibilitado pela ficção por uma recepção mais direta e eficiente do ponto de vista do mercado.

Isto acontece porque, com o passar dos anos, oprimidos por uma educação "séria", os seres humanos tendem a se desligar da ficção e passam a acreditar que esta, por se contrapor à realidade, deve ser evitada, esterilizada, encarada, no máximo, como passatempo de ociosos. Em função dessa dicotomia, é possível encontrar todo tipo de "desvio" nas relações humanas com o discurso ficcional. Desde a substituição da vida pela ficção — cujo exemplo mais notável é o da personagem de Flaubert, Madame Bovary —, até a incapacidade de interargir com a ficção que não contenha "ensinamentos" óbvios, explícitos que permitam resolver a vida. A ocorrência desses "desvios" talvez justifique a crítica de alguns estudiosos a respeito da fantasmagoria[8].

Uma outra modalidade do retorno à ficção é a opção pelo *how to do* no sentido de diluir ou democratizar a autoria. Pessoas que não são ficcionistas profissionais e seguem carreiras outras começam a se interessar por aprender como produzir ficção. Leitores de meia-idade procuram oficinas literárias ministradas por escritores com a intenção de "tirar da gaveta" projetos de contos e romances. Professores, estudantes, público não especializado em geral compram livros de roteiristas de cinema e televisão para se enfronharem nos segredos da produção de texto ficcional para as diversas mídias. Estes exemplos demonstram que não é possível deixar de praticar o jogo da ficção, mesmo que as chances de se tornar um autor publicado e reconhecido sejam pequenas.

Fabular é uma forma de expressão e uma forma de comunicação entre os homens. A abrangência desta expressão vai depender do quanto a pessoa que fabula precisa contar sua história ou as histórias que viu ou sonhou. Vai depender também da exposição maior ou menor à Pedagogia da Imaginação. Mas isto é tema de outro capítulo do livro.

Ficção e jogo

Qualquer jogo em si é oposto à seriedade, não no sentido do risível ou do cômico, e sim como uma suspensão temporária dos compromissos com o real. Ao mesmo tempo que é lúdico e não sério, o jogo demanda maior seriedade no respeito às regras e na característica essencial de absorver o jogador.

O jogo é uma atividade voluntária, é uma escolha não obrigatória que se torna uma necessidade apenas à medida que provoca prazer. Não é tarefa, não é necessidade física, não é dever. O jogo também não é vida "real". É evasão da vida real para uma esfera temporária de atividade com orientação própria. O jogo ocupa um lugar e um tempo específicos, o que representa um recorte da vida real. Tem início e fim. O jogo é efêmero e simultaneamente perene, pois ele é transmitido por sua capacidade de repetição e alternância. Do ponto de vista do espaço, o jogo ocupa um território especial, um mundo temporário dentro do mundo habitual. O jogo cria ordem e é ordem:

> Introduz na confusão da vida e na imperfeição do mundo uma perfeição limitada e absoluta: a menor desobediência a esta "estraga" o jogo, privando-o de seu caráter próprio e de todo e qualquer valor (Huizinga, p. 13).

O respeito às regras é condição essencial para a manutenção do jogo num mundo próprio e à parte da vida real. Desobedecer as regras significa destruir o mundo mágico em que o jogo se encerra, quebrar a noção de comunidade de jogadores.

O jogo leva à formação de grupos que tendem a se separar dos outros e, no caso do *Roleplaying Game*, como nos jogos de máscaras, os jogadores não são apenas uma comunidade dentro de outra, real e cotidiana, são também personagens da fantasia.

O jogador sabe que está jogando, quer seja no faz-de-conta infantil, quer seja nos jogos competitivos adultos, por isso é tão precária a contestação que alguns setores fazem em relação ao "envolvimento" excessivo dos jovens com o objeto deste estudo, o *Roleplaying Game*. Existe a consciência de que o jogo é faz-de-conta e que a qualquer momento pode ser interrompido pela realidade cotidiana, pelo rompimento das regras por parte de algum participante ou pelo fracasso dos objetivos.

Bentley sintetiza a atividade teatral como um jogo onde um personifica e outro observa a personificação, como ocorre espontaneamente na infância. Como Huizinga, ele constata que o jogo cria um mundo com regras próprias dentro de outro — o mundo real. O teatro parte da prática infantil para construir seu mundo específico, encantado. Para Bentley, o teatro é um sistema infantil, essencialmente e, no final da adolescência, próximo à fronteira com o adulto, mas ainda nas imediações da infância, é que este jogo teatral torna-se mais necessário ou mais desejável.

O adolescente quer romper com a família, mas não está pronto ainda para criar sua própria. Quer mudar o mundo e mantê-lo. Deseja aquele lugar e seu oposto. Daí a atração que o teatro representa para muitos jovens, em todas as partes:

> O teatro é outro país que podemos visitar sem deixar o nosso ... assim é o teatro para um jovem deslumbrado com o teatro: o lugar onde as coisas

> estão certas, em contraste com outros lugares onde tudo está errado ... O mundo de fora é duro de tragar, a maior parte do tempo, e aos dezessete anos fazemos nosso derradeiro esforço para rechaçá-lo, refugiando-nos no paraíso do teatro (Bentley, p. 155).

A ficção também é um jogo que, a partir de determinados elementos — história, enredo, personagens, ação — e de determinadas estratégias textuais estabelece uma relação entre quem a propõe e quem a recebe. Inventar narrativas, contá-las para nós mesmos e para os outros, recontar o que ouvimos ou lemos é uma atividade permanente desde a infância. Reconhecida a ficção como um jogo, com regras próprias, a criança começa também a reconhecer as partes que constituem a narrativa, a melhor forma de contá-la e a rejeitar as apresentações que a ela parecem piores. Qualquer adulto que tenha o hábito de contar histórias para crianças pequenas — não letradas — sabe que elas dominam rapidamente o jogo e percebem as regras do início, meio e fim, características das personagens, quedas e punições, exigindo que não se modifique as narrativas preferidas e percebendo qualquer manobra adulta no sentido de atenuar ou suprimir elementos essenciais.

Algum domínio do jogo da ficção todos têm, senão a vida seria intolerável. Contar para si mesmo, inventar novas versões para fracassos e desventuras é atividade rotineira do ser humano. Eliminar determinados dados, fabricar outros, preparar falas, aproveitar "deixas", acrescentar rubricas, que na realidade não estariam naquele texto, são medidas rotineiras na convivência humana.

Quando os fabricantes de *lingerie* Du Loren produzem um anúncio de página dupla com uma mulher vestida de roupa íntima, numa pose sensual, frente a ela um homem de costas, e mostram duas frases, uma em destaque: "Marido de amiga minha para mim é homem" e outra no pé da página "A Du Loren não imagina do que você é capaz", a peça publicitária está, justamente, transitando no jogo da ficção cotidiana. A realidade, judaico-cristã, estabelece como mandamento não desejar o homem da próxima. Como esta realidade nem sempre é possível, cria-se uma ficção a respeito que permite preservar, ou pelo menos tenta-se preservar, o real do casamento, da amizade, mantendo-se espaço para o desejo. O que equilibra, neste caso, a relação entre o desejo e a realidade é a ficção.

Este anúncio tem um leitor ideal. Alguém que sonha, pratica ou, pelo menos, acha engraçado esse tipo de "invenção". Ocorre que pode acontecer da leitora empírica em questão ser alguém que acabou de descobrir uma traição da melhor amiga com o marido. Ou então abriu mão de uma grande paixão para não se envolver com um homem casado. Pode ser ainda uma pessoa que considera que todos os males da humanidade advém de comportamentos sensuais e permissivos. Sendo a recepção incontrolável, a leitura vai depender de sentimentos ou expectativas de quem recebe o texto ficcional.

A habilidade narrativa pode ser aprendida com maior ou menor competência. O domínio do código narrativo, quando acontece, provoca o aparecimento do contador de histórias para os outros, que pode ser o contador de "causos", o poeta, o dramaturgo, o escritor, o publicitário.

Dominar o código significa descobrir a essência das narrativas e retransmiti-las em outras palavras, linguagens e mídias. O exemplo acima mostra como um dos mandamentos de Moisés pode ser recontado por quem é senhor das regras do jogo narrativo, numa mídia específica. A publicidade.

Assumida como parte da vida pelas crianças em seus brinquedos, pelos adolescentes em suas tribos e jogos, a ficção se limita a uma recepção mais passiva pela maioria da população adulta, por causa da ausência de um projeto social do que Calvino denomina "Pedagogia da Imaginação". Esta ausência deve-se à dicotomia que a sociedade cria, artificialmente, entre real e ficção. Curioso é que dentro da própria instituição acadêmica encontra-se resistência às novas formas de imaginar — ou a intensificação das velhas formas — por parte da população não-culta.

> Há uma entrega à fantasmagoria como a um ópio. A reiteração *ad infinitum* das mesmas histórias, sob o disfarce de serem diferentes, cultiva a alienação vigente, e ao mesmo tempo a exacerba, fazendo com que os receptores não queiram mais sair dela. Vegetar à "Globo dará" torna-se felicidade ... Os consumidores da ficção se põem literalmente a vivê-la, como se esta se tornasse a realidade. É uma tentativa de dar poesia à prosa do cotidiano (Kothe, pp. 141 e 246).

Talvez não seja como Kothe condena. Alguns adultos cultos têm a impressão de que existe uma realidade acabada, a respeito da qual não pairam dúvidas e, em função desta crença, tentam esterilizar a poesia do cotidiano. Os que são alijados dos bens culturais no Brasil, a maioria da população, sabem instintivamente que existem tantas realidades quanto o poder de quem fala sobre ela. Sabem também que o real, do jeito que está, é insuportável, donde quanto mais ficção, mais leve o fardo. Talvez a vida seja pior para quem não aprecia a ficção das velhas histórias. Talvez o ópio real seja mais danoso do que o da ficção.

É evidente o sectarismo ou elitismo a respeito da possível "felicidade" alheia. Não é a reiteração que cultiva a alienação. É o social excludente que o faz. É óbvio que é muito mais prazeroso, depois de oito horas de trabalho, quatro ou cinco de condução cheia, trânsito engarrafado e salários miseráveis, "vegetar" com o folhetim eletrônico do que com Machado de Assis. Isto na hipótese, improvável, de que o receptor em questão tenha sido iniciado à leitura de Machado por professores que freqüentaram a universidade e que tenham sido por ela iniciados à obra do autor. Iniciação feita e Machado de Assis apreciado, é também necessário que ainda restem forças ao leitor para resistir à alienação após um dia imerso nas conseqüências do nosso capitalismo selvagem.

Kothe caracteriza fantasmagoria como a não-percepção da manipulação das regras do gênero dentro da obra. O público manipulado não percebe as conexões, a equivalência de estruturações, denuncia o estudioso da ficção trivial[9].

Não percebe mesmo, nem na narrativa trivial, nem na literatura culta. E não percebe porque os professores de língua e literatura, a instituição escolar, as bibliotecas e o que mais se queira citar como setores responsáveis por essa situação não conseguem, em onze anos de instrução formal, iniciar o público às conexões, à equivalência de estruturações. Não conseguem iniciar à ficção.

Para jogar com a ficção — e jogar é uma atividade mais ativa do que refestelar-se numa poltrona diante da TV — é necessário um aperfeiçoamento constante em relação às regras. É como qualquer outro jogo. Este é o centro do problema porque quem é um receptor atento às regras do gênero pode transitar por qualquer universo ficcional. Estar atento pressupõe um mínimo de iniciação. Aí sim se pode extrair prazer e reflexão de qualquer leitura, nem que seja para usufruir dos clichês ou abominá-los.

As matrizes narrativas dos jogos de criar histórias e dos jogos de representação (RPG)

Conto maravilhoso: parentesco na composição

A primeira questão importante do ponto de vista da narrativa é a genealogia do RPG e dos jogos de criar histórias, como o *Autoria*, desenvolvidos a partir deste livro. A epopéia, o conto maravilhoso e o romance de folhetim são a base.

A diferença entre a epopéia, o folhetim e o RPG é que este ensina como fazer ficção, ensina a fazer isso coletivamente e como jogo, como atividade lúdica. É uma diferença, antes de mais nada, de formato.

As narrativas que antecedem o RPG são escritas e de autoria individual reconhecida. Independentemente dos séculos que foram gastos para o registro da obra de Homero e da participação de colaboradores no folhetim de Alexandre Dumas. O RPG é obrigatoriamente oral e coletivo e definido por regras de jogo. O "Autoria", inventado em 1998, pode ser como ferramenta para a escrita, até individual[7], mas, num primeiro momento, também é oral, coletivo e jogo.

A narrativa com a qual o RPG mantém mais semelhanças é a do conto maravilhoso. Este parentesco não é acidental.

> The narrative impulse is as old as our oldest literature: myth and folktale appear to be stories we recount in order to explain and understand where no other form of explanation will work (Brooks, p. 3).

A ligação com o mito dá origem ao conto mágico, que por sua vez influencia o gênero de romance de cavalaria. É sempre bom ter em mente que o primeiro RPG e, por muito tempo, o jogo mais apreciado é o chamado de "fantasia medieval".

Vladimir Propp define como conto maravilhoso ou de magia toda narrativa que, partindo de uma carência ou dano e passando por um desenvolvimento intermediário termina com casamento, recompensa, obtenção do objeto procurado, reparação ou salvamento de uma perseguição (Propp, p. 85).

A abordagem do estudioso russo interessa aqui pela proximidade identificada entre o RPG e o conto maravilhoso, especialmente nas ações e atributos das personagens.

É interessante, portanto, trazer para a discussão o esquema proposto por Propp como "unidade de medida" no estudo de cem contos maravilhosos. Acredito que as narrativas de RPG não se afastam muito deste esquema, por causa da clara descendência do jogo em relação ao mito comentado acima. O conto maravilhoso é morfologicamente um mito para Propp, ou, pelo menos, um mito em sua forma atenuada.

No conto maravilhoso, mudam os nomes (e, com eles, os atributos das personagens), mas as ações/funções — entendidas como o que faz a personagem do ponto de vista da importância para o desenrolar da narrativa — são constantes.

É importante examinar como Propp define o herói dessas narrativas folclóricas e o esquema geral identificado nos contos examinados.

O herói no conto maravilhoso pode ser aquele que sofre a ação do antagonista-agressor. O que sofre uma carência "no momento em que se tece a intriga" (idem, p. 49). A personagem que aceita reparar a desgraça ou atender às necessidades de outra personagem. Não é a mesma coisa quando se trata de um herói enfeitiçado, porque, neste caso, não tem vontade de se libertar.

No decorrer da narrativa, o herói torna-se o possuidor de um objeto ou auxiliar mágico "que o utiliza ou que se serve dele". A magia em si pode estar no auxiliar ou no objeto mágico que é doado ao herói, nas características do próprio, no antagonista-agressor que pode ser um dragão, um bruxo, um ogro ou outras criaturas fantásticas na função de "antagonista".

A discussão mais importante não é, porém, sobre a presença do elemento mágico ou não. O conto maravilhoso, como é definido por Propp, tem um determinado esquema de início, desenvolvimento e fim. Este mesmo esquema pode ser encontrado em narrativas sem nenhum elemento mágico, como, contemporaneamente, as aventuras de Indiana Jones, onde o herói não detém magia e sim habilidades excepcionais. De novo, o parentesco com o mito e a epopéia: o herói épico se guia pela *Timé* (honra) e *Areté* (excelência). Nas narrativas que hoje descendem do mito também.

Os elementos da narrativa que aparecem nos enredos dos contos maravilhosos e também nos do RPG são as ações das personagens, as ligações entre as personagens, as motivações das personagens.

Não é obrigatório o aparecimento de todas as ações, nem a ordem é sempre a mesma. Além disto, Propp destaca em réplica a Lévi-Strauss:

> Suponhamos que um dragão rapte a filha do czar. Este pede auxílio, e o filho de um camponês decide ir procurá-la. Parte, e no caminho encontra uma velha que lhe propõe tomar conta de um grupo de cavalos selvagens. Ele consegue, e a velha presenteia-o com um dos cavalos, que o leva até uma ilha onde se encontra a princesa raptada. O herói mata o dragão e regressa. O czar o recompensa, casa-o com sua filha. Isto é o enredo do conto.
>
> A composição, entretanto, pode ser delineada do modo seguinte: acontece uma desgraça qualquer; é pedido auxílio ao herói, ele parte para a busca. No caminho encontra alguém que o submete a uma prova e o recompensa com um objeto mágico; graças a este objeto mágico ele encontra o que procura. O herói retorna e é recompensado. Isto é a composição do conto ...
>
> A composição é um fator estável, o enredo, variável. Se não houvesse perigo de futuros mal-entendidos terminológicos, poderíamos chamar de estrutura do conto maravilhoso o conjunto do enredo e da composição (Propp, p. 216).

Propp defendia que as XXXI ações teriam a mesma importância e estariam ligadas entre si por uma relação de sucessão. Para Todorov[10], o primeiro princípio da narrativa maravilhosa é o princípio de um ciclo completo de ações que resume as XXXI ações em cinco essenciais, que representariam situação inicial de equilíbrio; degradação da situação; constatação do desequilíbrio; procura em corrigir o desequilíbrio; volta ao equilíbrio; e reintegração.

O segundo princípio seria o de relação de transformação — e não de sucessão — entre estas ações. É muito importante este destaque de Todorov porque é a constatação da possibilidade de se optar por produzir narrativas não-lineares.

Nos estudos de Propp, a composição das histórias é a mesma, o que varia é a construção das personagens, seus atributos. De novo, a ligação com o mito.

O esquema narrativo segue, com variáveis secundárias, XXXI ações das personagens, a partir da situação inicial em que enumeram-se os membros da família ou em que o futuro herói é apresentado.

É importante lembrar que qualquer uma das funções (ações) do herói se subdivide ou desencadeia outras. No esquema de Propp[11], o herói na ação XII pode vacilar, errar, recusar temporariamente o objeto mágico.

Da mesma forma, na função seguinte o meio mágico pode ter várias formas e/ou encaminhamentos. Se for roubado do herói, por hipótese, dará início a várias ações paralelas que não significam mudança de rota, apenas prolongamento da ação principal.

Outro fator de prolongamento, da narrativa, é o aparecimento de "ações bis". O herói volta e recebe uma nova tarefa. E, de certa forma, tudo recomeça. As variações podem ocorrer a partir de deslocamento de formas. No conto maravilhoso, por exemplo, o dragão, de antagonista, passa a doador-conselheiro. No RPG, o vampiro, de agressor contumaz do ser humano passa a apaixonado e protetor no "Prelúdio" do Livro de Regras de *Vampiro, a máscara*.

No esquema descritivo, proposto por Propp, as ações até a de número VII são preparatórias. A de número VIII introduz dano ou carência e começa o movimento. A IX introduz o herói, a X inicia a reação. O nó da intriga é composto com as ações de números VIII (carência ou dano), IX (aparecimento do herói) e X (o herói aceita a tarefa ou decide reagir).

A narrativa pode ser concluída na função XX, com o regresso do herói, ou pode complicar-se até o desenlace completo, na XXXI.

Vejam como é o detalhamento da *Poética* de Aristóteles, os esquemas de Syd Field, Christopher Vogler e, sem tirar nem pôr, as etapas do jogo *Autoria* de criar histórias[12].

O que Propp identifica, de forma inaugural e brilhante[13], é que os enredos dos contos não fogem muito da seguinte disposição dos acontecimentos:

a. Situação inicial, que define espaço, tempo, personagens principais (fora o antagonista), seus atributos e antecedentes.
b. Parte preparatória, onde aparece a proibição, a transgressão da proibição, o antagonista com seus embustes, o dano ou carência.

c. O nó da intriga: uma personagem se revela como herói ao reagir à ação do antagonista que provocou o dano, o herói parte.
d. Aparece(m) o(s) auxiliar(es) do herói com todas as particularidades dele(s) e do(s) objeto(s) mágico(s), incluindo aí as provas necessárias ao herói.
e. Percurso do herói até sua destinação; segundo aparecimento do antagonista; entrada em cena do objeto da busca, ou, se for a princesa, o reaparecimento dela; luta entre o herói e o antagonista; vitória do herói. Aqui pode ocorrer um desdobramento que prolongue a narrativa: perseguição ao herói; aparecimento do falso herói; retorno do herói.
f. A seqüência *f*, é lógico, depende do prolongamento da narrativa. O herói chega incógnito, encontra as pretensões infundadas do falso herói, é submetido a uma tarefa difícil para ser distinguido do falso herói, realiza a tarefa, é reconhecido e desmascara o outro, que é castigado. O herói se casa ou é entronizado.

A última seqüência (*f*) nos remete, mais uma vez, para a semelhança entre o maravilhoso e o mito. É o retorno de Odisseu. A grande pergunta da história das narrativas é:

"Existe a *Odisséia* porque Homero resolveu 'reaquecer' a epopéia com a especulação sobre o destino dos gregos depois da vitória ou existe a *Odisséia* porque as narrativas nunca acabam, são 1.001 noites por definição?"

Lévi-Strauss chamou a atenção para a origem comum entre o conto maravilhoso e o mito:

> Por outro lado, o mitógrafo percebe quase sempre que, sob uma forma idêntica ou transformada, as mesmas narrativas, os mesmos personagens, os mesmos motivos, se encontram nos mitos e nos contos de uma população (Lévi-Strauss, p. 191).

Uma diferença significativa do mito em relação ao conto foi percebida por Propp e, mais tarde, por Mircea Eliade. O conto é ficção, é inventado. O mito é verdade, expressa "a própria fé sagrada do povo"*. Quando o mito

* Ver PROPP, Vladimir I. Op. cit., p. 221.

assume a forma da narrativa artística, deixa de ser mito e passa a ser a tragédia de Sófocles, Ésquilo, Eurípides, os contos dos irmãos Grimm, Andersen, Goethe, porque o relato perde seu caráter sacro. O mito se transforma em lenda e depois em conto. Aliás, Propp, reiteradas vezes, insiste em que suas conclusões dizem respeito aos contos mágicos da tradição oral e não aos contos de origem literária.

Propp enumera os papéis distribuídos entre as personagens concretas dos contos maravilhosos como o herói, o antagonista (ou agressor), o doador, o auxiliar, a princesa ou seu pai, o mandante e o falso herói.

Os contos poderiam ser chamados também de "contos das sete personagens", o que é mais um ponto de contato com o RPG, já que as narrativas produzidas em grupo também gravitam em torno da distribuição de papéis, seguindo, até certo ponto, a mesma linha de raciocínio.

A colocação de atributos às personagens no RPG poderia (ou foi) ter-se inspirado nos estudos de Propp[14]:

> O estudo dos atributos dos personagens inclui apenas as três rubricas fundamentais, que são as seguintes: aparência e nomenclatura, particularidades da entrada em cena e *habitat*. A isto, podemos acrescentar uma série de elementos auxiliares de menor importância ... Se uma personagem se define do ponto de vista das funções, por exemplo, como um doador, ou como um auxiliar etc., e inscrevermos nas diferentes rubricas tudo o que pode ser dito dela, poderemos esboçar um quadro extremamente interessante (Propp, p. 82).

No tocante às personagens, Meletinski comenta que, no estudo dos atributos e das personagens proposto por Propp, é possível identificar um "certo número de relações paradigmáticas que possuem também um caráter binário"[15]. Ao herói com qualidades mágicas correspondem falsos heróis também com características mágicas, heróis insignificantes, existindo como variantes negativas dos heróis de aparência nobre.

Folhetim: outra matriz narrativa

O folhetim retoma a tradição européia das narrativas épicas, míticas e nacionais das lendas medievais, dos romances barrocos do século XVII, contos de combate e de amor, e transforma essas origens no romance seriado do século XIX.

> Esse romance caracteriza-se por um excesso de imaginação sem qualquer pretensão de pintura de realidade. Nele sarracenos, bárbaros, cruzados, romanos combatem ou amam acima das leis da verossimilhança ... (Muniz Sodré (a):8).

A narrativa pós-épica, que acaba por constituir a narrativa do romance, representa a superação do divino pelo humano, a passagem de herói a personagem situada historicamente. Com a evolução histórica do gênero, a preocupação com a verossimilhança leva à necessidade de descrever o interior das personagens, o interior do sujeito, a consciência humana.

O folhetim se aproxima do RPG norte-americano, especialmente de *Vampiro, a máscara*, pela escolha dos temas e pela forma como estes são tratados.

Tradicionalmente, o folhetim francês, pai de todos, mistura ficção com dados históricos. Michel Zevaco, folhetinista francês tardio, mas nem por isso menos genial, explicita ao leitor como se dá a relação entre ficção e história na produção do autor de folhetim:

> Podemos ... comparar-nos a um jogador de xadrez ... com a diferença ... que os personagens do jogador de xadrez não manobram senão pelo impulso da sua vontade direta, ao passo que, simples narrador, temos que nos contentar em anotar apenas os movimentos das nossas personagens ... Não deixa também de ser menos verdadeiro que as nossas personagens, malgrado a nossa vontade de narrador, se colocaram e acabaram por combinar-se na situação a que deviam forçosamente chegar ... Esta narrativa está estreitamente unida a uma catástrofe histórica: nós nos servimos do nosso direito de imaginar, não para inventar inteiramente os personagens e os fatos, mas para reconstituí-los ... Um exemplo: se a his-

> tória nos conta que Orthés, Visconde d'Aspremont, passeava no dia 24 de agosto com cães que ele soltava no encalço dos huguenotes, em plena rua, o nosso papel é de reconstituir o estado de espírito deste personagem, o aspecto possível da rua, os pensamentos prováveis da multidão, e assim temos um episódio na narração do qual concorre a nossa vontade sem que faltemos à verdade possível (Zevaco, p. 108).

O folhetim usa e abusa de temas do romance sentimental, gótico, da heroína cuja vida está ameaçada, do rapto de crianças, do protetor desconhecido e misterioso; os perigos constantes; os vilões, a vingança, o satanismo.

São utilizados espaços e situações arquetípicas: castelos, cavernas, subterrâneos, espaços de tortura, de luta, de fuga e o combate decisivo no mesmo subterrâneo. A tradição do folhetim histórico foi retomada por Mark Rein•Hagen no RPG *Vampiro*, o mais literário dos jogos aqui examinados.

É comum também, ao folhetim e ao RPG, a prática da

> ... pilhagem narrativa com intenções meramente utilitárias: uma racionalização capitalista, por assim dizer, para melhor adequação à economia do mercado folhetinesco, à lei imperativa da produção cotidiana, em que a rapidez era a alma do negócio (Meyer, p. 165).

No RPG, a "pilhagem narrativa" é uma constante. Temas, histórias, enredos, personagens, clichês, estratégias de livros, filmes, quadrinhos, a "pirataria" é livre para desenvolver narrativas no jogo. É o uso do "tópico", criticado por Umberto Eco.

Tal prática é inevitável no RPG, jogo de massa, ficção produzida por não profissionais. Poder-se-ia até dizer que é um "carnaval narrativo", colcha de retalhos advindos das várias mídias. Por que não tomar de empréstimo bons resultados alheios?

O desenvolvimento de um estilo próprio — mesmo considerando que a "pilhagem" seja inevitável — por parte dos mestres e dos jogadores de RPG é limitado pelo formato instantâneo, interativo e oral como é o do RPG. Mesmo com este limite, mestres mais experientes costumam criar suas "marcas" nos jogos.

Outra semelhança, desta vez formal, entre o RPG e o folhetim histórico é o pedagogismo. Com a particularidade que o pedagogismo do RPG está nas regras, no como fazer uma aventura, como jogar a ficção. Enquanto Sue, em *Os mistérios de Paris*, ensina valores por intermédio da narrativa, o RPG ensina valores por meio das regras do jogo.

Uma diferença importante entre o folhetim e o RPG é o final, o objetivo da narrativa, para onde ela é conduzida. O folhetim é uma narrativa de amor ou de amor e combate. No RPG, em geral, o(s) herói(s) parte(m) de uma carência ou dano e termina(m) com recompensa, obtenção do objeto procurado, reparação ou salvamento de uma perseguição. É raro o sucesso amoroso ou o casamento fazer parte do desenlace da narrativa de RPG, talvez por causa da timidez dos jogadores, a maioria adolescentes de sexo masculino.

Esta observação é circunscrita, claro, para a maioria das narrativas produzidas nos grupos de jogadores de RPG norte-americano, estudadas por mim de 1992 a 1997. Nas partidas de *Vampiro* existia algum envolvimento amoroso ou sexual, mas não era o objetivo do jogo.

Nas partidas do jogo *Autoria*, atualmente é comum que apareça bastante intriga amorosa e seu sistema de regras busca fortalecer a ligação com o folhetim que o RPG norte-americano, por causa das premissas, não pode manter[16].

O folhetim tem características estruturais que convém resumir para estabelecer uma diferença essencial com as premissas do RPG.

No folhetim, conhecemos as personagens e suas principais características, mas desconhecemos suas motivações e partes do enredo que esclareceriam suas ações. A presença de um passado misterioso é elemento essencial da intriga. Algumas personagens parecem não ter relação entre si; narrativas paralelas é que, aos poucos, vão dando pistas de quem é quem, como e por que as ações acontecem. Cartas, confissões, revelações naturais ou mágicas são os recursos no folhetim para possibilitar o reconhecimento e deslindar o mistério no final, sempre com a montagem paulatina e cheia de desvios do quebra-cabeça narrativo.

No folhetim, existe um núcleo narrativo que mantém elementos em outras tramas, é uma narrativa em “gaveta”, uma composição por episódios. As tramas paralelas vão se multiplicando e funcionam como elementos de suspense, como ganchos que, ao mesmo tempo, desviam do módulo principal, mas aguçam a curiosidade a respeito das possíveis relações entre um enredo e outro(s). Este tipo de composição serve, é evidente, para protelar a expectativa do leitor e o fechamento do enredo principal em função das necessidades da indústria cultural que a produz. A dispersão narrativa é aparente, porque os episódios paralelos têm o objetivo de explicar o mistério que envolve a personagem principal, o que é alcançado apenas na "costura" final, o mais extensa possível, pois o prolongamento da trama sustenta as vendas do romance "em pedaços".

O folhetim hoje (em especial o folhetim eletrônico, a telenovela) se caracteriza por ser

> Um produto novo, de refinada tecnologia, nem mais romance, nem mais cinema, no qual reencontramos o de sempre: a série, o fragmento, o tempo suspenso que reengata o tempo linear de uma narrativa estilhaçada em tramas múltiplas, enganchadas no tronco principal, compondo uma "urdidura aliciante", aberta às mudanças segundo o gosto do "freguês", tão aberta que o próprio intérprete, tal como na vida, nada sabe do destino do personagem (Meyer, p. 387).

Neste ponto, entra outra diferença importante. No RPG quase não existe espaço para tramas paralelas, marca registrada do folhetim. No jogo existe, geralmente, uma situação inicial, a partir da qual o enredo se desenvolve linearmente. As ações se sucedem em seqüência. Existe, ainda, a proposta de igualitarismo na participação dos jogadores durante as sessões, o que dificulta o desenvolvimento de tramas secundárias interessantes[17].

Nas narrativas produzidas em rodas de RPG — a partir das indicações do livro de regras, portanto —, o mestre desenvolve as tramas e personagens secundárias com o conjunto dos jogadores. Ele conhece as ligações e motivações, mas, no geral, os jogadores também.

No RPG, é muito improvável que aconteça o grau de mistério provocado pelo formato do folhetim. Os jogadores representam personagens a partir de uma ficha que todos os participantes da partida conhecem. Os antecedentes são conhecidos também, donde não haver espaço para surpreendentes e melodramáticas revelações paralelas. No máximo, o mestre pode introduzir alguma personagem sem jogador, interpretada por ele, mas a participação desse tipo de personagem é limitada.

Existem, portanto, semelhanças temáticas entre o folhetim histórico e o RPG. As diferenças (grandes) são de propósito, de forma e de recepção.

No jogo não existem leitores. Os jogadores, ao mesmo tempo que interpretam as personagem, são receptores da narrativa que está se desenrolando naquele momento, de forma improvisada até mesmo para o mestre, que não pode prever todas as ações dos jogadores/personagens.

O fascinante da genealogia, do parentesco, é justamente observar como, a partir de uma mesma origem, são gerados obras, trajetórias, produtos tão diferentes. Não é privilégio da narrativa e de seus sucedâneos, lógico, mas é apaixonante da mesma forma este dado incontrolável da evolução. Na ficção, como na vida.

Notas

1. Os textos citados por BORDINI, Maria da Glória, em *Literatura: a formação do leitor: alternativas metodológicas*, são: JAUSS, Hans Robert: *La historia literaria como desafío a la ciencia literaria*. In: GUMBRECHT et al. e ZILBERMAN, Regina. *Literatura infantil: livro, leitura, leitor*. In: (org.) *A produção cultural para a criança*. Porto Alegre: Ed. Mercado Aberto, 1982.

2. Para Jauss, o discurso ficcional pode provocar a formação da ilusão tanto quanto a transformação das convicções do receptor. A ficção é capaz de proporcionar a libertação dos interesses práticos do cotidiano e — ideal de toda arte autônoma — levar seu receptor através do prazer de si no prazer no outro, para a liberdade estética de julgar. Ver "O prazer estético e as experiências fundamentais de *Poiesis, Aisthesis e Katharsis.*" In: *A literatura e o leitor: textos de estética da recepção*. Coord. Luiz Costa Lima. Rio de Janeiro: Ed. Paz e Terra, 1979, pp. 80 e 81.

3. BENTLEY, Eric. *A experiência viva do teatro*, p. 22.

4. A trama é a seguinte: na França, antes da Revolução, um médico é chamado para atender camponeses no castelo de um marquês. Os camponeses estão feridos e morrem, o médico descobre que morreram graças às maldades de dois filhos gêmeos do marquês, que destroem a família quase toda, escapa uma criança, a irmã mais nova, uma menina que os vizinhos conseguem mandar para longe. Como o médico tenta denunciar o caso, é encerrado na Bastilha por muitos anos, até que amigos conseguem levar a filha e depois ele

para a Inglaterra. Quando conseguem tirá-lo da Bastilha, ele está completamente alienado da realidade, com um ritual obsessivo de ficar martelando, fazendo um sapato, sempre o mesmo sapato, sempre o mesmo martelo, e dizendo: "Torre 138, Torre 138, Torre 138." Ele consegue voltar a viver normalmente e ela se casa em Londres com um francês. No dia do casamento, o médico e o noivo têm uma conversa particular e ele fica muito mal, assiste ao casamento e, quando o casal parte para a lua-de-mel, senta-se no quarto com o mesmo velho martelo e recomeça: "Torre 138, Torre 138, Torre 138."

Superada esta recaída, a vida continua até a Revolução Francesa. Existe, na trama londrina, uma personagem aparentemente secundária, um advogado, que é muito parecido com o genro do médico e apaixonado pela sus filha. Um amor cortês, uma paixão romântica. Estoura a Revolução em França. O marido recebe uma carta de um velho criado, pedindo socorro porque está preso, vai para a França sem avisar a mulher e o sogro. Quando chega, é preso, conduzido à Bastilha, sem processo. O sogro volta para a França, se identifica como uma das grandes vítimas do Antigo Regime e consegue libertar o genro, que está sendo perseguido pelo governo francês por ser um emigrado, um ex-nobre que abandonou as terras. Graças à intervenção do médico, ele é solto, a família está prestes a sair da França revolucionária quando a mulher de um ex-criado do doutor — um criado que o ajudara a sair da Bastilha, um criado completamente fiel — vai ao tribunal revolucionário e denuncia o genro do médico, abre um novo processo contra ele, acusando-o de criminoso de guerra. A mulher do criado faz a denúncia em seu nome, no nome do marido e em nome do médico. O doutor só descobre na hora da audiência que é um dos denunciantes e não entende nada. O criado dele, que tinha sido um dos comandantes da tomada da Bastilha, no dia 14 de julho de 1789, é o primeiro a prestar depoimento, e quando lhe é perguntado: "Cidadão, quais são os fatos?" — os fatos, o perigo do real —, ele responde: "Quando tomei a Bastilha junto com meus compatriotas, fui direto à torre 138, e, ao chegar à cela, revistei tudo e encontrei uma carta. Era uma carta do doutor Manette, que eu atendi." Com estes fatos — a participação na tomada e o socorro ao doutor Manette quando este saiu da França —, o criado prova que era uma testemunha leal ao médico e ao governo revolucionário. O tribunal fica sabendo então — o tribunal e os leitores de Dickens — que a mulher do criado é a sobrevivente da família camponesa massacrada pelos filhos gêmeos do marquês. É pedido ao criado que leia a carta, e ali está escrita toda a história e o clamor do médico que, se algum dia a carta for encontrada, seja feita justiça contra a família do marquês, até seu último descendente, por seus crimes contra o povo da França. A carta fora escrita quando o médico, preso na Bastilha, sentira que a sanidade começava a abandoná-lo. O detalhe genial de Dickens é que o genro do médico era filho de um dos gêmeos. Era neto do marquês e fora embora para a Inglaterra, horrorizado com o que a família fazia. Neste ponto, o leitor liga os acontecimentos e descobre por que o médico surtou no dia do casamento da filha. O genro havia contado qual era o verdadeiro nome da família dele. Com base nesta carta, o genro é condenado à guilhotina. E o que Charles Dickens faz, brilhantemente? Traz à cena o advogado, o que era apaixonado pela filha do médico e parecidíssimo com o marido dela. Talvez fosse neto bastardo do marquês, porque era francês também. Este usa um estratagema para entrar na prisão, troca de lugar com ele e acaba guilhotinado no seu lugar. A família do médico consegue fugir para a Inglaterra por causa deste artifício, mas para o doutor Manette é tarde demais. Ele enlouquece completamente no julgamento e volta a repetir o bordão "Torre 138".

5. ECO, Umberto. *Apocalípticos e integrados*, p. 218.

6. É fascinante constatar como Eliade aponta no caminho certo ao vincular "mito" à verdade e ficção ao falso, no sentido de inventado. Não só Jocasta, Édipo também está vivo em *As fenícias*, de Eurípides. Os filhos rejeitam o pai cego e este os amaldiçoa, completamente diferente de Édipo em Colono, acompanhado por Antígona. Esta reorganização autoral do mito, conhecido por todos os espectadores, é uma das grandes riquezas do teatro clássico grego. Uma observação inteiramente pessoal: tem sentido a trajetória de Jocasta construída por Eurípides. Uma mulher que resiste a Laio (tirano, pedófilo que renega o filho para salvar a própria vida da nêmesis dos deuses) convive com um irmão como Creonte, se mata porque descobre que está casada (sem querer, sem procurar) com o próprio filho ou se mata porque, depois de resistir a tudo isto, vê os dois filhos se matando por *hybris*?

7. FREUD, Sigmund. *Delírio e sonhos na Gradiva de Jensen*. Coleção Standard. Brasileira, vol. IV, p. 38

8. Ver na página 46 deste capítulo crítica de KOTHE, Flávio, à fantasmagoria na recepção do grande público.

9. Ver KOTHE, Flávio. *A narrativa trivial*, p. 160.

10.TODOROV, T. *Os gêneros do discurso*, p. 63.

11. PROPP, V. *Morfologia do conto maravilhoso*, p. 31.

12. O jogo de criar histórias "Autoria" foi inventado em 1998, em sua primeira versão, por mim e Maurício Rodrigues Mota. Foi testado por quinhentas e sessenta pessoas e teve quatro protótipos antes de ser lançado comercialmente com o nome de *Autoria e companhia*. Em 2001, depois de usado em escolas públicas e particulares em vários locais do país e também em treinamento profissional, foi transformado na versão "Autoria" a partir de sugestões de grupos de estudantes e professores acostumados com seu uso de forma permanente.

13. Chama a atenção o trabalho de Propp ter sido elaborado em 1928, o Ocidente ter tomado conhecimento dele em fins da década de 1950 e um produto da indústria cultural como o RPG ser seu herdeiro direto quase setenta anos depois. É evidente que se pode atribuir a herança primeira ao mito, em termos de retorno ao mesmo, retorno temático, mas Propp identificou os objetivos de confronto, a disposição dos acontecimentos no

enredo, os papéis das personagens e a base de seus atributos. O RPG segue seus passos de forma um tanto desordenada. O *Autoria* segue todos, deliberadamente. A etapa "Início", no jogo, são as ações até a de número VII, preparatórias. A etapa "Perda" corresponde à de número VIII no esquema de Propp, a que começa o verdadeiro movimento do jogo. A IX conjuga com a X introduz o herói, é a Divisão entre os personagens/jogadores. A função XX, no "Autoria", é a decisão, o clímax, onde a narrativa pode ser concluída ou deixar em aberto um novo início.

14. É possível que os atributos das personagens do RPG tenham tomado como inspiração os estudos de Propp ou algum outro texto teórico referente a ele. É possível que esta apropriação faça parte da "pilhagem" empreendida pela indústria cultural. Só muito recentemente, executivos ou consultores de Hollywood passaram a render créditos a Propp, Jung, Campbell. Merece destaque neste terreno Christopher Vogler. A indústria do RPG assume referências no *Vampiro*, mas mesmo neste livro de regras aparece a prática de "pilhagem".

15. MELETINSKI, E. M. *O estudo tipológico-estrutural do conto maravilhoso*, p. 173.

16. Deve-se considerar que no jogo *Autoria* existe um banco de histórias de base e algumas são mais de amor do que de combate. Outro ponto importante é que "Autoria" é um jogo genérico e calcado no que é essencial na narrativa, o que deixa em aberto para onde a narrativa deve ir, segundo o desejo dos jogadores. Em terceiro lugar, nas rodas de "Autoria" é freqüente a participação feminina, o que facilita o aparecimento de temas ou resoluções amorosas (inclusive por sugestão dos homens presentes, de qualquer idade). Por outro lado, foi incorporado às regras do "Autoria" o elemento de segredo inconfessável que permite ao jogador, como indivíduo, surpreender os outros participantes como uma trama paralela que esses não têm acesso *a priori*.

17. O RPG norte-americano pretende a igualdade entre os jogadores, como se isto fosse possível. Para fins de eficiência mercadológica, defende-se que o mestre deve dar chances iguais de participação a todos. Ocorre que a capacidade de fabular é diferenciada e certos personagens (como bem sabem os escritores) são incontroláveis, crescem mais e inesperadamente.

CAPÍTULO 3

Roleplaying Game: Modo de produção

"A play is a play, *uma peça é um jogo, representar é uma brincadeira*" (Brook, p. 151)

Premissas do RPG norte-americano

Este "bloco" está dividido em três capítulos (3, 4 e 5) nos quais descrevo e analiso três jogos fundamentais, a meu ver, para se entender o RPG norte-americano. *Advanced Dungeons & Dragons*, *Gurps* e *Vampiro*. Antes de pegar um por um, no seu modo de produção de texto, é importante que algumas coisas sejam ditas sobre o *Roleplaying Game* como jogo.

O RPG surgiu nos Estados Unidos, na década de 1970, a partir de uma combinação entre jogos de guerra e a narrativa de fantasia, principalmente a de Tolkien, conforme se verá na descrição do RPG *Advanced Dungeons & Dragons*, que é a evolução do primeiro publicado nos Estados Unidos, o *Dungeons & Dragons*.

As duas primeiras coisas que se precisa analisar num jogo é o que ele é em si mesmo e o que significa para os jogadores.

O RPG é uma forma específica de atividade, com sentido e função social. O *Roleplaying Game* é um jogo de produzir ficção manifesta oralmente e em grupo. Escrito assim, talvez não se atente para três elementos que os norte-americanos conseguiram reunir numa só produção.

Jogo, atividade lúdica, voluntária, com regras definidas e aceitas pelos participantes.

Ficção, invenção a partir do real, muitas vezes insuportável, incompreensível e estimulador da omissão e da apatia.

Oral. Desde o texto bíblico, onde Deus fez o homem e disse "Fala", a palavra em sua forma oral tem fascinado a espécie. Talvez por seu não compromisso com a verdade absoluta, pela possibilidade de desdizer, refazer o texto, pela possibilidade de usar os cinco sentidos e o corpo na expressão oral para completar significados.

Oral é a palavra do discurso político que convence multidões e antecede a guerra. Oral é a expressão majoritária dos seres humanos através dos tempos. Oral é a forma de comunicação mais comum, mais espontânea, menos difícil, menos controlada.

A primeira conquista da palavra pelo homem é a fala. No entanto, desde a infância, o homem tem de resignar-se à articulação superior de quem lhe é superior. O adulto, o loquaz, o orador, o aedo.

A ficção é a única coisa que nos impede de sucumbir à inveja pela eloqüência alheia, porque conduz à identificação que nos leva a admirar no outro a maestria que não logramos conseguir.

> Assim é a vida. As artes são compensatórias. Para a má escrita cotidiana, a literatura fornece boa escrita, para espanto e deleite. Para o mau falar de todos os dias, a arte oferece boas falas ... Uma peça é escrita por alguém que não deseja outra coisa senão falar para um público que está resignado a não fazer outra coisa senão escutar a conversa (Bentley, p. 79).

Jogo, brinquedo, representação. Na adolescência, repetir a experiência lúdica do faz-de-conta da infância com a seriedade de regras escritas em livros de mais de duzentas páginas que "ensinam" a criar um mundo fictício com regras próprias. Não é de estranhar que a faixa etária que mais consome RPG no Brasil seja justamente a dos adolescentes.

No RPG, encontra-se o modelo clássico de enredo proposto por Aristóteles, que segue com início, meio e fim. Em geral, trata-se de fábula de ação complexa, onde as ações das personagens têm um nexo causal e mantêm uma estrutura orgânica, os acontecimentos narrados estando ligados entre si por causa e efeito, quando se trata do enredo de uma campanha, onde um mesmo grupo passa semanas ou meses em torno de uma mesma trama, com um conjunto fixo de personagens.

Quando se trata apenas de uma aventura, um jogo sem compromissos futuros — como nos eventos periódicos dos quais os aficcionados participam —, o enredo pode ter a estrutura episódica, porque a aventura estará completa em si mesma. Não é o mais comum as aventuras de um mesmo grupo — que jogue sempre junto — terem a estrutura de uma série de episódios ligados entre si apenas por uma ou mais personagens. O que eles fazem é retomar suas personagens, que já participaram de um episódio completo num encontro eventual, e recolocá-las num enredo de estrutura orgânica e modelo complexo dentro do grupo habitual. Jogadores iniciantes e mestres inexperientes podem propor e desenvolver aventuras com uma ligação meramente cronológica, mas a tendência é a evolução para a narrativa onde o nexo causal é determinante.

Os livros de regras de RPG da Editora White Wolf seguem claramente a lógica aristotélica de exposição, complicação, clímax e desenlace. Um deles, *Vampiro*, tem seu modo de produção examinado em detalhes neste capítulo.

Os livros de regras e os suplementos destes não contam histórias. No máximo, reproduzem exemplos de aventuras. A proposta editorial é a de os livros serem instrumentos do bem narrar coletivamente.

O que é necessário para criar um ambiente? Para descrever um cenário? Para começar uma aventura? Para construir uma personagem? As narrativas construídas em grupo também não são, até agora, textos perenes. São instantâneas, orais, guiadas pelas regras, estas essenciais para que a brincadeira seja um jogo, portanto, uma coisa séria.

Os receptores de RPG no Brasil eram, em 1997, quando terminei minha pesquisa de doutorado, principalmente jovens — adolescentes e jovens adultos — de sexo masculino. O número de mulheres nas rodas de jogo era pequeno, e seu aumento devia-se, na época, até onde pude perceber, ao surgimento de jogos onde o contar histórias se tornou mais forte do que as tabelas de combate.

Em que pese a qualidade ou a capacidade de produzir o entretenimento, as duas origens do RPG, os jogos de guerra e Tolkien, não são atividade ou narrativa em que predominem as intrigas amorosas; ao contrário, existe nas duas matrizes a ênfase na conquista de objetivos e no combate. Kothe define a narrativa trivial masculina:

> A narrativa trivial masculina, sob a aparência de culto à macheza, cultiva o narcisismo e o desejo de onipotência. Identificando-se com o herói, o receptor faz a sua *imitatio Dei*. O herói trivial masculino, sob a aparência de passar por grandes perigos, conta sempre com algum auxiliar mágico — um revólver de muitos tiros, um cavalo alado, a Força, um escudo protetor, um manto da invisibilidade, a pontaria infalível, o soco mais forte, o carro computadorizado, o helicóptero portátil, a moto com armas embutidas etc. — que o torna invencível. Na narrativa trivial masculina a sobranceria do herói é necessária para a identificação narcisista do receptor, encenando a vontade de poder da tradição ocidental como fantasmagoria mítica (Kothe, p. 144).

A pessoa que se interessa por RPG, em geral, compra um livro de regras que a ensine a jogar. Compra o livro de regras e, se o gosto pelo jogo se estabelecer, os suplementos. A característica principal do livro de regras — ou módulo básico — é a de iniciação ao jogo da narrativa coletiva, oral e instantânea. São textos que ensinam como contar uma história, ou como viver uma aventura fictícia, com a participação de outras pessoas. É muito importante notar que não tentam ensinar composição literária ou redação escolar, o que fugiria do objetivo de entretenimento e afastaria o público-alvo.

Do ponto de vista da produção do texto existem duas grandes matrizes de livros de RPG, às vezes misturadas num só jogo. Numa, o modelo inspirador é o software. Noutra, é a literatura, especialmente o romance.

Para os aficcionados, a diferença principal é se o sistema for genérico — pode ser jogado em qualquer espaço ou período de tempo — ou se for específico, tem um mundo próprio.

Existem coisas comuns a todos eles, entre elas a maneira como o jogo começa, a ênfase dada ao tópico personagem — afinal, é um jogo de representação — os itens essenciais da aventura: cenário e enredo.

O mestre inicia o jogo descrevendo o lugar onde a aventura se passa, as características das personagens, leva a história até o ponto onde os jogadores começam a atuar, coloca dificuldades e surpresas para os jogadores resolverem. Os jogadores são responsáveis pelas ações e iniciativas de sua personagens.

No início da partida, os jogadores/personagens se apresentam em seus aspectos físicos e psíquicos, não sendo raro justificarem suas ações retomando a apresentação de algum traço específico.

A sessão de jogo será mais rica quanto maior for o repertório dos participantes. As histórias no RPG se assemelham às narrativas que se inspiram nos contos heróicos e maravilhosos. Na verdade, isto não acontece só no RPG, porque as velhas histórias estão sendo sempre recontadas.

Usando aqui as categorias da estética da recepção, sabemos que o processo de recriação é orientado por dois componentes estruturais encontrados dentro da narrativa:

- o Repertório, como seleção de contextos sociais e históricos familiares e normas e alusões literárias;
- as Estratégias de narração usadas para indispor o conhecido com o desconhecido, o inovador, o autoral visando obter um efeito estético.

Quanto maior for o conhecimento dos mestres e jogadores a respeito de jogos de RPG, a informação sobre contextos sociais e históricos e a familiaridade com narrativas outras, maior será a possibilidade de recontarem as velhas histórias de forma mais criativa. Existe, portanto, uma relação estreita entre repertório e horizonte de leitura.

O repertório, no entanto, não basta para que o "recontar" saia da "imitação" pura e simples para um enredo realmente criativo. Para isso, é necessário o domínio, ou, pelo menos, o reconhecimento das estratégias literárias. A contribuição do RPG para a ampliação do repertório dos jogadores e o aprimoramento de estratégias narrativas está discutida adiante.

As regras do *Roleplaying Game* — que costumam parecer um cipoal incompreensível aos não-aficionados — são úteis aos jogadores porque servem de "fio de Ariadne" à criação coletiva, guiando-os não para longe, mas para dentro do labirinto da aventura que pretendem construir.

Os livros de regras funcionam como uma máquina de multiplicar narrativas* que, apesar de aparentemente árida, esquemática e com um certo "sabor" de catálogo de personagens, cenários, armas e adereços, costuma possibilitar a produção de entretenimento criativo a milhares de jovens que se dispõem a acessá-la.

---

* Ver CALVINO, Italo. *Seis propostas para o próximo milênio*, "Lições americanas", p. 137.

> CAPÍTULO 4 <

Advanced Dungeons & Dragons: O maravilhoso do ponto de vista bélico

Advanced Dungeons & Dragons (2ª edição) é uma evolução do primeiro *Roleplaying Game* criado por Gary Gygax e Dave Arneson na década de 1970, o *Dungeons & Dragons*.

A edição norte-americana do *AD & D* é de 1989 e tem como autor principal Davi "Zeb" Cook, apesar de — como em todos os RPGs — ter vários co-autores e jogadores experientes que testam o jogo e fazem sugestões, os *players test*. A edição brasileira aqui descrita e analisada em seus limites é a de 1995.

A apresentação é bastante didática e informa que para jogar o *AD & D* cada participante deverá ter o Livro do Jogador e o mestre, além deste, também o Livro do Mestre e o Livro dos Monstros.

Os livros não oferecem ao(à) futuro(a) jogador(a) de RPG uma definição precisa do que é o jogo, mas fazem uma analogia interessante com os jogos de tabuleiro, colocando o RPG como um jogo que amplia a imaginação e acrescenta a interpretação de personagens e a interação com outros jogadores ao cenário de cavernas e aventuras.

> O elemento essencial que faz o RPG: o jogador é colocado no meio de uma situação desconhecida e perigosa, criada pelo árbitro, e deve se utilizar de todas as suas capacidades para dar um jeito de sair ... O jogador adota o papel de um personagem e então guia-se através da aventura. O jogador toma decisões, interage com outros jogadores e essencialmente

> "finge" ser o personagem. Isso não significa que o jogador deva ficar pulando para lá e para cá, investir contra dragões imaginários ou agir como a personagem. Isso significa que sempre que a personagem é chamada a tomar alguma atitude ou decisão, o jogador finge que está naquela situação e escolhe o curso de ação mais apropriado (*AD & D*, Livro do Jogador, p. 11).

O principal objetivo do jogo é o divertimento e a interação com outras pessoas. Trata-se de um jogo de fantasia heróica, que pode ser jogado, num paralelo histórico, do início do período medieval na Europa até a Renascença. O objetivo das aventuras no *AD & D* pode ser a salvação de uma princesa, proteger uma aldeia atacada por monstros, a procura de um objeto mágico[1].

O Livro do Jogador apresenta logo após a Introdução o exemplo de um trecho de aventura e um completo Glossário dos termos que o jogo utiliza. Da leitura deste, percebe-se que os outros RPGs (*Vampiro* e *Gurps*, para manter a discussão nos jogos aqui analisados) beberam nesta fonte. Dois exemplos de definições comuns aos outros jogos:

> Habilidade: qualquer uma das seis características naturais que representam a definição básica de uma personagem: Força, Destreza, Constituição, Inteligência, Sabedoria e Carisma. As habilidades de uma personagem são determinadas no início do jogo pelo lançamento de dados de seis faces (d6s). Os valores são continuamente usados ao longo do jogo como forma de determinar o sucesso ou falha de várias ações (idem, p. 14).
> Perícia: capacidade adquirida por uma personagem através de aprendizado, não definida por sua classe, mas que lhe dá uma maior chance percentual de cumprir um determinado tipo de tarefa durante a aventura. Pontos para perícias são adquiridos quando a personagem sobe o nível (ibidem, p. 15).

O mestre é o árbitro e principal responsável pela campanha[2] e deve ter total controle da direção que ela vai tomar. Na preparação para a aventura[3], o jogador cria sua personagem, mas é o mestre que aprova ou não o resultado e deve evitar que surjam personagens excessivamente poderosas para não desequilibrar o jogo. O mestre também atua no jogo exercendo papéis de monstros (raças proibidas para as personagens dos jogadores) e de personagens incidentais que interagem com os jogadores.

A aventura em si, o material necessário, a duração, enfim, os diversos componentes para iniciá-la, aparecem de maneira sucinta e acompanhados de um exemplo de jogo. Além de lápis, borracha e os dados (de 4, 6, 8, 10, 12 e 20 faces — que recebem no decorrer do livro como d4, d20 etc.), é necessário o uso de folhas de papel para a elaboração de uma ficha de personagem, já que nesta edição não existe uma ficha-padrão.

A prioridade dos livros que compõem o jogo é o processo de criação das personagem, que consome os seis primeiros capítulos do Livro do Jogador e os cinco primeiros do Livro do Mestre.

Existem seis métodos de jogada de dados para a criação de uma personagem e o mestre ainda pode determinar o sétimo. Os seis primeiros são:

1. Joga-se 3d6 em ordem para definir os valores das habilidades que podem variar entre 3 e 18;
2. 3d6 duas vezes, mantendo-se o valor desejado. O nível médio de habilidade mantém-se entre 9 e 12 e os jogadores podem escolher entre os resultados;
3. 3d6, ordenados livremente. Os jogadores podem reposicionar os valores obtidos da maneira que quiserem;
4. 3d6 duas vezes, ordenados livremente. Combina os benefícios dos métodos 2 e 3. Poucas personagens terão baixos valores;
5. 4d6, eliminando o mais baixo, ordenados livremente. Este método considera que aventureiros são pessoas acima do normal, heróis, e cria personagens acima da média, com valores acima de 15, consideradas extraordinárias;
6. Pontos somados aos dados. Indicados para jogadores mais experientes porque os prós e os contras de cada escolha têm de ser pesados com cuidado.

O processo se inicia por meio do roteiro intitulado "Criação de Personagem, Passo a Passo"[4].

No Passo 1, o jogador, por meio dos dados, "adquire" os valores de suas respectivas habilidades: Força, Destreza, Constituição, Inteligência, Sabedoria e Carisma. Estas são as características principais da personagem, mas não são as únicas, pois é importante que idade, sexo, e outros elementos secundários sejam colocados na ficha da personagem[5].

As habilidades no *AD & D* se dividem em habilidades ligadas à natureza física da personagem (Força, Destreza e Constituição) e às habilidades ligadas aos atributos mentais e às características de personalidade (Inteligência, Sabedoria e Carisma).

- *Força:* a musculatura, a resistência e o vigor da personagem são quesitos avaliados por meio da sua própria Força. A sigla é For[6].
- *Destreza:* a facilidade de movimentação, a rapidez de reflexos e o equilíbrio da personagem são avaliados pela Destreza (Des.).
- *Constituição:* o porte físico, a saúde e a resistência da personagem a situações extremas (estafa muscular, doenças e ferimentos). A constituição está ligada aos ponto de vida da personagem (Cons.).
- *Inteligência:* todas as atividades de absorção de dados por parte da personagem estão ligados à Inteligência. O número de línguas faladas pela personagem é determinado pela Inteligência (Int.).
- *Sabedoria:* o bom senso, a intuição, o juízo, a força de vontade, a esperteza e a inspiração são determinados de acordo com o valor da Sabedoria da personagem (Sab.).
- *Carisma:* o nível de influência que a personagem exerce sobre os que a rodeiam, sua capacidade de convencê-los são quesitos definidos pelo Carisma. Assim, o número de aliados que uma personagem pode ter é determinado pelo Carisma (Car.).

No Passo 2, o jogador escolhe uma raça entre as dos seres que habitam o mundo de fantasia medieval, e de acordo com as exigências e exceções de cada uma ajusta suas habilidades (por exemplo, os anões têm mais 1 ponto de Constituição e menos 1 de Carisma).

- *Anões:* baixos, atarracados, facilmente identificáveis, vivem, em média, trezentos e cinqüenta anos, habitam, geralmente, montanhas e colinas.
- *Elfos:* Esbeltas e belas criaturas com voz de som melódico. São rápidos, fortes e podem viver até mil e duzentos anos. É uma raça conside-

rada frívola e distante. São divididos em aquáticos, cinzentos, da floresta e negros, sendo que cada um tem suas peculiaridades.

- *Gnomos:* são primos dos anões, mas são bem menores e menos rechonchudos. Vivem em torno de trezentos e cinqüenta anos. Possuem um grande amor pelas criaturas vivas e vivem em escarpas arborizadas e distantes dos seres humanos.
- *Meio-elfos:* são a miscigenação mais comum e que geralmente se parece com seu pai élfico. São muito bonitos e têm os traços mais belos de ambas as raças, a humana e a élfica. Vivem, em média, cento e sessenta anos.
- *Halflings:* são parecidos com pequenos humanos, são gordos e apresentam uma feição redonda, larga e rosada. Vivem, em média, cento e cinqüenta anos. Moram em tocas mobiliadas*.
- *Humanos:* os humanos no *AD & D* não se diferem dos humanos da Terra, podendo assim se apresentar nas diversas raças existentes. Só diferem das outras raças do jogo no sentido de que não existe a limitação quanto às classes (profissões que ocupam), que podem ser escolhidas, e seus respectivos patamares.

No Passo 3, o jogador seleciona uma classe que simboliza todo um processo de aprendizado por parte da personagem. Cada classe apresenta poderes e talentos diferentes e únicos. As classes estão divididas em grupos:

- *Homem de Armas:* bem-treinados no manejo de armas e peritos nas artes marciais.
- *Guerreiro:* símbolo do campeão destemido, o guerreiro deve saber lidar com diversas armas, ser um bom soldado e forte. Daí a Força ser o atributo principal de um guerreiro Os guerreiros não podem usar da magia, mas podem ter itens mágicos. Todas as raças podem ter guerreiros.
- *Paladinos:* símbolo do correto, do ético, da bondade, da pureza e de ideais elevados. No livro, são colocados exemplos de paladinos, como *sir* Lancelot, Rolando e outros não menos famosos. Somente a raça

* Muito parecidos com os *hobbits* de Tolkien.

humana pode ter paladinos, e seus poderes estão ligados à bondade (detectam intenções malignas, são cercados por uma aura de proteção, detêm o poder de cura, de lançar magias divinas etc.).

- *Rangers:* o exemplo mais próximo de *ranger*, do ponto de vista das lendas medievais, é o de Robin Hood. O *ranger* é um homem que vive na floresta e é caçador "vive não só pela espada, mas também pela esperteza". Ele rastreia e sobrevive bem nas matas, além de poder lidar com as criaturas da floresta devido a uma empatia característica. É capaz de aprender também magias ligadas aos mundos animal e vegetal. Somente humanos, elfos e meio-elfos podem ser *rangers*.
- *Arcanos:* formuladores de magia que se envolvem com diversos campos místicos.
- *Magos:* arcano mais versátil, pois não se especializa em nenhuma escola de magia (abjuração, conjuração/convocação, encantamento/ feitiço, profecia, ilusão, invocação/evocação, necromancia e augúrio). Somente os humanos, elfos e meio-elfos podem ser magos.
- *Arcanos Especialistas:* denominação dada aos arcanos que se especializam nas escolas, citadas acima. Cada raça tem sua restrição quanto à especialização, como, por exemplo, os gnomos, que não podem ser magos, mas podem ser ilusionistas.
- *Sacerdotes:* atuam por meio de boas ações e de batalhas contra o mal. Usam seu poder para aumentar a crença no mito defendido por eles.
- *Clérigos:* tipos mais comuns de sacerdotes, que além de poderem ser de qualquer raça, também podem pertencer a qualquer religião. São hábeis com as armas e com a magia originada da divindade que adoram. Os clérigos também têm influência sobre os mortos-vivos. As armas e as magias de cada clérigo mudam de acordo com a divindade que adoram porque cada uma tem influência de esferas distintas. Os clérigos também têm um certo código de princípios e crenças que guiam seu comportamento.
- *Druidas:* exemplo de sacerdotes que seguem um mito específico. São baseados nos druidas históricos somente quanto a sua ligação com a natureza. Suas armaduras só podem ser naturais e suas armas também apresentam restrições. Os poderes dos druidas estão intimamente

ligados à esfera da natureza, além dos poderes comuns a todos os sacerdotes. Os druidas se isolam das coisas mundanas, se preocupando principalmente com os ciclos da natureza: nascimento, crescimento, morte e renascimento.

- *Ladinos:* o lema deste grupo é viver bem, com o mínimo possível de esforço, de preferência à custa de outras pessoas. Ostentam o que não possuem ou o que conseguiram aproveitando-se dos outros. Geralmente os ladinos não têm uma boa reputação.
- *Ladrão:* os ladrões se apresentam em todas as raças e podem ser considerados a elite da ladinagem. Os ladrões, geralmente, são bastante ágeis; portanto, a Destreza é o quesito fundamental. Usam armas leves, como adagas, fundas e espadas longas. Os ladrões têm talentos especiais que lhes dão um toque único, como, por exemplo, esconder-se nas sombras, mover-se em silêncio, achar/desarmar armadilhas, atacar pelas costas.
- *Bardos:* poetas, os bardos vivem de sua empatia, magnetismo pessoal e de sua lábia. Somente humanos e meio-elfos podem ser bardos, que, em relação às armas, não sofrem restrições. Todos são bons na arte do canto e no uso dos instrumentos musicais, além de poderem usar magias ligadas ao encantamento por meio da música. O Carisma, a Destreza e a Inteligência são essenciais a um bom bardo.

Há ainda, no que se diz respeito às classes, a possibilidade de classe dupla ou múltipla que apresenta inúmeras variações.

No Passo 4, o jogador escolhe uma tendência. As tendências[7] são a base do caráter, da ética e da moral de uma personagem. É por meio destas que as atitudes tomadas pela personagem em diversas situações devem ser analisadas pelo jogador. A tendência é um recurso muito importante para o jogador, para que ele faça uma interpretação de uma personagem mais completa.

Existem algumas restrições às classes e suas tendências. O Paladino, por exemplo, só pode ser justo. As tendências se dividem em: Justo (bom e leal), Ordeiro (neutro e leal), Vil (maligno e leal), Bondoso (bom e neutro), Neutro, Egoísta (neutro e maligno), Honrado (caótico e bom), Inconstante (neutro e caótico) e Cruel (caótico e maligno). Algumas criaturas não têm tendência, isto é, não ligam para moral e ética. São monstros sem inteligência, como, por exemplo, uma planta carnívora.

No Passo 5, o jogador registra os valores para o Teste de Resistência e TACO (Tentativa de Acertar a Categoria — de Armadura — Zero). Num combate, as personagens envolvidas podem estar usando armaduras ou não. Isto influencia ou não muito o sucesso de um movimento de ataque, pois cada personagem terá uma Categoria de Armadura, número que define o valor da proteção oferecida por um determinado tipo de armadura. Este número varia de 10 (sem armadura alguma) até 0, ou mesmo -10 (armaduras mágicas, muito poderosas). Quanto maior a Categoria de Armadura, mais vulnerável a personagem será às agressões físicas. Assim, TACO é o número que uma personagem deverá obter nos dados para atingir alguém de Categoria de Armadura igual a 0.

O Teste de Resistência é uma chance dada ao jogador de rolar os dados e assim sobreviver a uma morte certa ou perder menos pontos de vida. O teste varia de acordo com a classe, o nível e contra o que ou quem a personagem está travando o teste de resistência. As resistências são testadas nas mais diversas circunstâncias, que podem ser: paralisação, ingestão de veneno, magia letal, Sopro de Dragão, petrificação, transformações em outro ser ou em objeto, como varinhas, cajados ou bastões mágicos[8].

No Passo 6, o jogador sorteia os Pontos de Vida, que funcionam de acordo com as classes. Dados específicos são usados para calcular quantos Pontos de Vida a personagem terá, conforme os exemplos:

Homem de Armas: 1d10
Sacerdote: 1d8
Ladino: 1d6
Mago: 1d4

No Passo 7, o jogador registra a Movimentação Básica da personagem, que diz respeito a que velocidade ou distância que uma personagem pode utilizar em uma rodada. Esta taxa muda de acordo com o ambiente e carga da personagem.

O Passo 8 é opcional. Neste passo o jogador seleciona Perícias de sua personagem, consultando uma tabela que determina os pontos de perícia comuns e as com armas.

No Passo 9, o jogador equipa sua personagem consultando uma tabela para definir a riqueza inicial e, em outra tabela, selecionar e "comprar" o equipamento necessário.

Na compra de armaduras, é necessário utilizar o modificador de Categoria de Armadura, porque cada material acrescentado à armadura, para melhorar a capacidade defensiva, sofre uma modificação diminuindo a Categoria de Armadura[9].

A caracterização de "mundo" no *AD & D* está dispersa pelos capítulos de criação da personagem no Livro do Jogador. A prioridade é detalhar como podem ser as personagens e suas ações no jogo. A ambientação sugerida guarda semelhança com a Idade Média européia misturada com uma série de lendas, elementos celtas e outros tomados de empréstimo, provavelmente, a Tolkien. O ambiente e os componentes de mágicos do cenário estão, no entanto, subordinados à criação de personagens e ao detalhamento das regras que dizem respeito a combates, armas e equipamentos, perícias com armas e magias que ocupam a maior parte das páginas dos livros do Jogador e do Mestre.

O Livro do Mestre, nos capítulos 6 e 7, detalha mais os elementos do "mundo" de fantasia medieval. O Capítulo 6, "Dinheiro e Equipamento", traz uma pequena história do comércio, com o objetivo de evitar que os jogadores apliquem ao jogo conceitos equivocados[10]:

> O pior acontece quando os jogadores tentam aplicar idéias modernas e capitalistas à resolução de problemas em um mundo quase medieval. Eles podem tentar contratar um enorme grupo de feiticeiros para produzir poções e itens mágicos em série, ou podem montar lojas para fazer armaduras (*AD & D* — Livro do Mestre, p. 48).

O cuidado com a adequação das escolhas feitas pelos jogadores diz respeito também às técnicas correspondentes ao momento histórico que não é rígido, mas precisa guardar o mínimo de verossimilhança:

> Um fator importante a ter em mente é que nenhuma perícia pode ir além da tecnologia e ciência da época. Não há uma perícia que permita a um personagem construir um motor a gasolina, e com toda razão. Um

motor a gasolina está muito à frente da sociedade pseudomedieval apresentada em *AD & D* (idem, p. 47).

No Capítulo 7, a pretexto de livros de magia que os magos podem obter — os *Grimoires* —, são oferecidas informações interessantes sobre o trabalho de copistas e o material necessário para confeccionar-se livros, na época. Todas as aquisições das personagens, incluindo livros de magia, têm custos, o que implica consultar tabelas e rolar dados. O importante em relação ao "mundo" é que a preocupação de descrevê-lo está sempre vinculada às personagens.

O pequeno Capítulo 8 trata de pontos de experiência atribuídos pelo mestre aos Jogadores/Personagens:

> ... uma recompensa por um bom jogo e uma boa interpretação ... três objetivos são constantes ... cada um deles deve ser possível numa única sessão do jogo ... Para conceder prêmios de experiência por diversão, considere ... o jogador se envolveu ativamente no jogo? ... tornou o jogo divertido para os demais ou à custa deles? ... argumentava, ou era um "advogado das regras"? A quantidade de pontos dada por sobrevivência deve ser balanceada ... jogadores que sobreviveram porque nada fizeram de perigoso, ou porque têm tantos poderes e pontos de vida que se tornam literalmente invulneráveis, não merecem uma quantidade de pontos próxima à da personagem que sobreviveu à morte certa, graças ao uso de sua sagacidade ... experiência em pontos é uma forma de medir a evolução do personagem ... conforme os jogadores aprendem mais sobre o jogo, a campanha e a interpretação, deverá ser refletido em seus pontos (Ibidem, p. 67).

Uma outra forma de atribuir pontos de experiência está relacionada com os objetivos da trama, que são os objetivos da aventura. Quando o mestre tem esses objetivos claros, deve estabelecer na preparação quanto de experiência as personagens deverão receber se os objetivos forem alcançados, e apenas neste caso.

Os limites do combate nas cavernas contra os dragões

A "pilhagem" narrativa empreendida no território do RPG — *Role-playing Game* para os editores do *AD & D* e *Roleplaying Game* para os do *Vampiro* — fica mais clara na comparação entre o modo de produção dos três jogos selecionados. O *AD & D* é uma evolução do jogo criado por Gary Gygax e Dave Arneson (*Dungeons & Dragons*) e as outras produções norte-americanas "pilham" a matriz, melhorando-a, simplificando-a, ampliando a competência do jogo.

A comparação entre seus limites é uma boa medida da apropriação. Limites de um foram "corrigidos" no outro, e assim será sucessivamente, porque tem sido graças a este processo que o capitalismo e sua indústria cultural se desenvolveram. O que pode e deve ser evitado é o olhar ingênuo ou moralista sobre o processo de "pilhagem"[11].

A contradição entre intenção e gesto

O *AD & D* tem o deliberado objetivo de ser um jogo de imaginação, onde os participantes interpretam personagens num cenário que se inspira na Europa na Idade Média, apesar de assumir-se como cenário "pseudomedieval". O jogo não se propõe a ser de combate, mas a parte dedicada a monstros a serem combatidos (um livro inteiro), às armas, equipamentos e técnicas de ataques é enorme.

Um "Mestre" de *AD &D* precisa ler novecentas e cinqüenta e nove páginas dos três livros — Mestre, Jogador e Monstros — para cumprir sua função, fora os suplementos. A tarefa do jogador é mais modesta, pode limitar-se, de início, a trezentas e dezenove do seu livro básico. Mesmo assim, no início do Capítulo 9 que trata do Combate, defende-se que:

> Para criar uma atmosfera de perigo e tensão é necessário que as regras sejam abrangentes e, ao mesmo tempo, simples e agradáveis para permitir que os jogadores visualizem as cenas de batalha ... as regras não são superdetalhadas ... Para extrair o máximo de diversão do jogo *AD & D*, não confie nas regras ... O truque de criar um combate vívido é se preo-

cupar mais com o que está acontecendo a cada instante do jogo do que com as regras (*AD & D*, Livro do Mestre, p. 72).

Os elementos da narrativa essenciais a uma sessão de RPG estão nos livros do Jogador e do Mestre, mas de forma dispersa, especialmente o cenário, em que se pese a preocupação com a verossimilhança. A ênfase é dada à criação da personagem, onde os dados têm um peso significativo, ou seja, o elemento aleatório conta bastante, em detrimento da escolha do jogador. O jogo propõe-se a contar uma história, mas não existe uma orientação sistemática para o mestre ou os jogadores construírem enredos, a não ser as regras que indicam como decidir ações, como no primeiro passo para fazer uma jogada de ataque:

> O atacante deverá subtrair a CA do alvo de sua própria TACO (Lembre-se que se a CA do alvo for negativa você deverá somar seu módulo à TACO do atacante). O resultado dessa subtração é o menor número que o atacante precisa obter em 1d20 para que seu ataque seja bem-sucedido (idem, p. 73).

Esta aí é uma demonstração de que as regras são superdetalhadas, mesmo que o escrito o negue. Existem, nos livros, muitos exemplos de utilização de dados, tabelas e cálculos para serem deixados de lado, simplesmente. É claro que mestres muito criativos ou experientes podem, pelo prazer de jogar neste universo de fantasia medieval, simplificar o jogo ao máximo e ignorar as regras, mas não se trata de uma tarefa fácil.

No Capítulo 9 do Livro do Mestre a este são atribuídas as funções de dramaturgo e diretor que conduz a encenação. O limite do narrar, do ponto de vista do Mestre, é que exemplos de ação, de cenário e de enredos, estão, além de dispersos, misturados por duzentas e cinqüenta e seis páginas com infindáveis interrupções explicando cálculos, tabelas e testes com dados, demandando várias leituras do mesmo livro, muitos jogos, para conseguir separar ação, cenário e enredo:

> Imagine, por exemplo, a simples ação de beber uma poção de cura ... A poção foi posta em segurança na mochila da personagem. Primeiro, verá se alguém pode pegar a poção para ela, mas (obviamente) estão

todos ocupados demais. Então, com a espada em uma das mãos, ela encolhe os ombros para conseguir descer as alças da mochila pelos braços. Exatamente neste instante, dois orcs saltam em sua direção. A alça desliza por seu ombro, prendendo o braço que estava com a espada. Por sorte, a outra alça não escorregou, ele ainda tem seu escudo (ibidem, p. 76).

Este é um exemplo de ação para o Mestre descrever para os Jogadores. Pode ser também que o Jogador, não o Mestre, esteja descrevendo a ação. Considere-se que o Mestre precisa decidir se interrompe a descrição para rolar o dado para o desenlace do ataque, resistência do escudo, socorro de outra personagem, ou outra opção qualquer. Além disto, existem as ações dos Monstros/Personagens jogadas pelo Mestre. Nesse caso, são momentos em que o Mestre planeja e atua. A dispersão de todas as funções por novecentos e cinqüenta e nove páginas não ajuda a atingir a competência narrativa necessária.

As funções de dramaturgo e diretor estão colocadas de forma tardia no livro porque durante setenta e duas páginas o papel do Mestre é bastante frisado como o que propõe, arbitra, controla a aventura, personagens e jogadores. O poder do Mestre, no RPG em geral, é enorme, mas no *AD & D* extrapola a ficção porque, inclusive, mede e valoriza o comportamento social dos jogadores quando atribui pontos de experiência aos que contribuem mais ou menos para a diversão do grupo*. No mesmo Capítulo 8 existe uma confusão entre os termos jogador e personagem, que é um problema da edição brasileira. Tomando como base a edição norte-americana, de 1989, temos:

Player characters who survived because they did nothing dangerous or who have so many powers and hit points that they're nearly invulnerable do not deserve nearly as many experience points as the character who survived sure death through the use of his wits (*AD & D, Dungeons Master's Guide*, p. 45).

Não se trata, portanto, de "jogadores que sobreviveram", como faz crer a tradução brasileira. São as personagens dos jogadores que sobrevivem ou

* Ver Capítulo V, p. 126.

não, graças à competência narrativa de quem as interpreta e improvisa seus textos e ações. A tradução não foi cotejada o tempo todo com a edição de 1989, a não ser em caso de dúvida, ou de flagrante "cochilo" como o citado. De maneira geral, parece ser uma tradução bem-cuidada, mas o destaque acima é fundamental porque não tem sentido um livro de regras com o objetivo de ensinar a jogar ficção em grupo, a produzi-la, confundir criador e criatura. É evidente, espera-se todos os jogadores vivos ao final do jogo.

O limite bélico na fantasia

O objetivo manifesto das aventuras de *AD & D* permite retornar às semelhanças e diferenças entre o RPG e o conto maravilhoso*. Resgate de príncipes, expulsão de monstros, recuperação de objetos mágicos são objetivos relacionados com carência e dano, semelhantes, portanto, à narrativa que identifica-se como matriz narrativa do jogo, especialmente de um jogo de fantasia medieval.

Duas diferenças entre o *AD & D* e o conto maravilhoso, no entanto, merecem destaque. Uma é que o jogo exclui o casamento como fim. Os jogadores partem de uma carência ou dano e buscam a vitória em combate, mas não existe a premissa de aquele que salva a princesa casa-se com ela, provavelmente porque a trama é conduzida pelo grupo. Quem casaria? Quem tornar-se-ia o herdeiro do trono?

De novo, a influência da ideologia igualitária. O jogo não pressupõe um herói maior, como conto maravilhoso ou no mito, do qual o conto descende. Poder-se-ia argumentar que isto se deve ao caráter coletivo da narrativa e ao caráter de jogo. Mas jogos outros pressupõem diferentes papéis: os daqueles que armam a jogada para outros marcarem a vitória. Parece-me que o aspecto ideológico é o mais importante na inexistência do desenlace amoroso ou do poder individual. Não existindo espaço para intrigas amorosas ou de poder, a predominância é a aventura e o combate, o que, talvez, explique o pouco interesse do público feminino neste tipo de jogo, o que já não ocorre com "Vampiro".

---

* Ver o Capítulo 2, item As matrizes narrativas dos jogos de criar histórias e dos jogos de representação (RPG), p. 48.

Outra diferença é a ausência de fadas. É como se o jogo se concentrasse em lendas que dizem respeito, principalmente, aos "romances de cavalaria" e abolisse toda uma mitologia céltica que privilegia as grandes sacerdotisas e as entidades femininas fortes que fazem e desfazem no conto maravilhoso oriundo da Europa Ocidental. As próprias ocupações — classes — são masculinas. São citadas personagens femininas, mas o gênero não é determinante. O fato de serem elfas não faz diferença, não é importante para o enredo. Poderiam ser elfos, daria o mesmo resultado.

Os limites e sua superação

Existem jogadores e mestres de RPG que começaram a jogar pelo *AD & D*, continuam jogando e apreciam muito. Como não é o objetivo deste livro analisar a recepção ao jogo, torna-se difícil mensurar se a preferência está na adaptação que eles fazem das regras, na apreciação pelo cenário de fantasia medieval, se os limites aqui mencionados não os incomodam, ou qualquer outro motivo. É possível que milhares de jogadores detestem RPGs genéricos, como o *Gurps*, ou o terror *punk*-gótico do *Vampiro*.

Não se trata, portanto, de afirmar que os limites identificados no *AD & D* deram origem a uma "evolução" representada por *Gurps* ou *Vampiro*. Não é o mesmo padrão industrial que permite comparar a eficiência de um Ford "Bigode" e uma BMW ou um zepelim e um Concorde.

A superação de limites do *AD & D* é feita, a meu ver, por uma demanda do público consumidor do RPG americano. Existia no mercado espaço para um RPG a ser jogado em qualquer cenário, o *Gurps*. Existia também para um RPG como o *Vampiro*, que oferece mais ênfase a contar histórias, "desidrata" a quantidade de regras do jogo e organiza de forma mais sistemática os elementos da narrativa.

A segunda possível influência para o surgimentos destes jogos é a de atingir o público jovem de sexo feminino que, dificilmente, se interessaria, em larga escala, por um jogo onde o combate, por mais criativo e bem-interpretado que seja, tenha o peso que tem no *AD & D*. É o mercado que obriga a criação de produtos que atendam a essas demandas, como costuma acontecer com as inovações da indústria cultural.

O surgimento de *Gurps* e *Vampiro* está, portanto, dentro deste contexto.

Notas

1. Ver no item As matrizes narrativas dos jogos de criar histórias e os jogos de representação a semelhança entre a definição de Propp para o conto maravilhoso e os objetivos declarados do *AD & D*.

2. Conjunto de aventuras desenvolvidas pelo grupo, que podem durar semanas, meses e anos.

3. Narrativa onde um objetivo estabelecido pelo Mestre no início da partida é alcançado, pode durar várias sessões, dependendo do número de horas que o grupo tem à disposição.

4. Roteiro também em *Vampiro*, claro aperfeiçoamento — típico da indústria cultural — dos primeiros RPGs. *AD & D*, em si, já é um aperfeiçoamento do *Dungeons & Dragons.*

5. Mais uma vez vale a pena conferir a citação de Propp sobre os atributos das personagens no conto maravilhoso, no item As matrizes narrativas dos jogos de criar histórias e os jogos de representação.

6. É interessante observar que a edição brasileira de *AD & D* é posterior à do *Gurps* e traduz as siglas. *Vampiro*, por sua vez, mantém o conceito, muda o nome de algumas características e não usa siglas.

7. Tendência corresponde a "natureza" em *Vampiro*, da mesma forma como "classe" no *AD & D* corresponde a "conceito".

8. Ver LOBATO, M. *Os doze trabalhos de Hércules*, p. 169, o episódio de transformação dos meninos de Micenas em lixa de unha, saca-rolha e outras bugigangas do interesse de Emília.

9. *AD & D*. Livro do Jogador, p. 99, tabela 46.

10. Ministro muitas oficinas de produção de textos para professores de literatura e língua portuguesa e posso garantir que preocupação não é infundada. Hoje, uso nas oficinas o jogo de criar histórias *Autoria*, de 1993 a 1997 o trabalho desenvolvido baseava-se em uma adaptação elaborada por mim com o objetivo de usar o RPG com grupos maiores e de forma a permitir a produção de textos mais literários. Certa vez, a narrativa proposta passava-se na Idade Média, e a primeira tendência do grupo, já esquecido das lições de história recebidas no segundo grau, era exatamente a de tentar aplicar conceitos modernos e capitalistas ao enredo, à construção das personagens, a tudo, enfim.

11. Usa-se aqui o termo "pilhagem" no mesmo sentido que Meyers ao referir-se ao folhetim.

➤ CAPÍTULO 5 ➤

Gurps (Generic Universal Roleplaying System): O cálculo e o software da narrativa

O Módulo Básico do *Gurps*, 2ª edição, define o *Roleplaying Game* como um jogo onde uma aventura imaginária é colocada por um mestre que também delimita o cenário e onde cada participante faz o papel de uma personagem, o mestre interpretando as personagens incidentais (no *Player Character*) que contracenam com os jogadores.

Duas características chamam a atenção no formato deste RPG cujo primeiro *copyright* é de 1986, posterior ao *Dungeons & Dragons*, mas anterior a *AD & D*, 2ª edição. O *Gurps* tem a forma de um programa de computador, ou seja, o leitor do módulo básico, mestre, jogador, ou candidato a qualquer uma das duas funções, pode "entrar" em qualquer "sub-rotina" sem um roteiro obrigatório de passos. O Glossário, por exemplo, está na página 250, mas é indicado na página 8, a que define o que é o RPG. Existem "dicas" em colunas verticais, paralelas ao texto principal de cada página, que vão simplificando a compreensão do jogo e remetem o leitor para os aspectos práticos, de maneira a ele não precisar empreender uma leitura linear, do começo para o fim, se não quiser.

Não é para ser lido como um livro e sim como um mecanismo no qual se acessa o ponto de interesse. O efeito é algo semelhante a ver o Microsoft Word (ou qualquer outro processador de texto) impresso na ordem de interesse de seu usuário. É semelhante, mas não é igual, porque um usuário específico, o autor e editor de *Gurps*, escolheu a ordem da impressão para publicar.

A segunda característica é a manutenção de termos e siglas típicas do RPG em inglês, diferentemente das edições brasileiras do *Vampiro* e do *AD*

& D, talvez devido ao fato de *Gurps* ter sido lançado no mercado brasileiro, traduzido, antes dos outros dois*. A todo momento se tropeça com termos do tipo ST (*Strength*), DX (*Dexterity*), IQ (*Intelligence*), HT (*Hit Points*), GM (*Game Master*), PC (*Player Character*). É provável que o fato de o livro manter as siglas em inglês, apesar de se tratar de uma tradução, deva-se à preocupação com os jogadores acostumados ao contato com o RPG no original[1].

Não perceber a forma típica de software torna o texto árido e, aparentemente, só para iniciados.

> O livro tem várias seções que foram escritas ... para facilitar o aprendizado das regras. Entre elas temos:
>
> A seção *Para começar a jogar rapidamente* (p. 9). Esta é uma descrição, em uma página, dos mecanismos de jogo básicos do *Gurps*.
> O *Glossário* (p. 250). Esta é uma lista dos termos usados no jogo com referências às páginas onde são explicados.
> *Uma noite de trabalho*. Uma aventura-solo introdutória que começa na página 218. Esta aventura foi escrita para ser usada por um único jogador sem a necessidade de um Mestre.
> Você pode jogá-la usando uma dos personagens descritas nas páginas 214 a 217, mesmo que não esteja familiarizado com as regras. Ela foi projetada para ajudá-lo a aprendê-las enquanto joga.
> ... Sempre que alguma coisa não estiver clara, você poderá usar o *Índice* e o *Glossário* para descobrir os parágrafos com as regras de que precisa.
> Tente então criar sua própria personagem e jogue novamente, com ela, a aventura. Tente criar uma personagem de cem pontos e que tenha uma chance maior de sobreviver à aventura.
> Aí você pode ler o resto das regras em detalhe, incluindo o capítulo sobre a condução de um jogo (O Mestre). Encontre alguns amigos que queiram jogar. Ajude-os a criar suas personagens e as conduza através da segunda aventura, *Caravana para Ein Arris* (p. 232)... Estas regras foram criadas para se incorporarem gradualmente à sua experiência e lhe permitirem jogar como desejar (*Gurps*, p. 6).

---

* Primeira edição de 1991.

Esta citação foi retirada de uma coluna vertical, a de "dicas", e demonstra que o livro não deve ser lido como de hábito. O Módulo Básico é uma enciclopédia de informações ou um elenco de regras que funcionam como uma introdução aos mistérios da narrativa ficcional em grupo. Mesmo não se assumindo como tal, talvez para manter o clima de jogo. Uma diferença importante é a que *Gurps* se autodenomina "sistema" por seu caráter genérico, que permite ao jogador criar qualquer tipo de personagem e interpretá-la em qualquer cenário.

Existem três regras básicas para se começar a jogar. Na primeira, o jogador realiza um teste de habilidades para conferir suas aptidões ou perícias com três dados de seis faces cada. Na segunda, o mestre joga para determinar qual a reação das personagens dos jogadores frente a um NPC (*No Player Character*). Esta jogada é opcional porque o mestre pode arbitrar as reações. A terceira regra tem o objetivo de determinar a extensão do dano que a personagem consegue causar a um adversário em uma luta, está relacionada às regras de combate. Cada regra está atrelada a redutores, tabelas e cálculos que devem ser anotados na Planilha da Personagem antes de o jogo começar. Estas regras são essenciais para criar personagens, mas o jogador e o mestre iniciantes podem escolher entre as personagens prontas até se sentirem seguros.

A criação de personagens começa com os quatro atributos básicos: Força (ST), Destreza (DX), Inteligência (IQ) e Vitalidade (HT), descritos na página 11 e explicados na página seguinte. cem pontos devem ser distribuídos por todas as características da personagem, sempre com o auxílio de dados e tabelas. Em algumas ocasiões, o jogador deve jogar os dados de novo na construção de personagens:

> Sortear dois tipos de aparência física (só a primeira é válida). Sortear uma desvantagem que entre em conflito com uma vantagem que o jogador/personagem já possui (idem, p. 85).

O capítulo Desvantagens é uma contribuição importante do *Gurps* ao RPG. Ele "afina" o jogo. As desvantagens da personagem em *Gurps* partem da premissa de que estas são "defeitos" alcançados antes de começar o jogo, isto é, são parte fundamental na Criação da Personagem. As desvantagens podem ser sociais, físicas e mentais, e algumas são engraçadas, destacando o caráter de *game*, de brincadeira, em oposição aos temas sombrios de *Vampiro*.

O livro incita o futuro jogador a se perguntar qual seria a necessidade de a personagem ter defeitos, desvantagens. Duas explicações aparecem: uma para o jogo e outra para a narrativa. No jogo, a razão é o fato de que as desvantagens têm custo negativo, fazendo com que os pontos possam ser gastos em outros itens. Na narrativa, a importância das desvantagens é a possibilidade de se criar uma personagem mais completa e verossímil, contribuindo sensivelmente para a melhoria da aventura.

Desvantagens físicas (como a gagueira), sociais (como hábitos detestáveis) e mentais (como alcoolismo) convivem com a existência de qualidades que normalmente não são consideradas desvantagens. O livro usa, como exemplo, virtudes, como a honestidade, que pode ser desvantajosa para a personagem:

> Estas virtudes limitam sua liberdade de ação. Uma pessoa honesta, por exemplo, terá problemas em mentir, mesmo que por uma boa causa ... Hábitos detestáveis: a personagem se comporta parte (ou todo) do tempo de maneira repugnante aos outros. Quanto pior seu comportamento, maior o número de pontos. Pode-se especificar o comportamento no momento em que a personagem é criada e estimar os bônus com o mestre. Exemplo: Ragnar Foulbreath, que recebeu -10 pontos devido a seu mau hálito, está submetido automaticamente a um redutor de -2 em testes de reação de qualquer pessoa que fique cara a cara com ele ... Alcoolismo: a personagem é viciada em álcool. O alcoolismo é tratado como um vício. Ele é barato, incapacitante e (normalmente) legal. Por isso, vale -15 pontos, ou -20 se for ilegal. Um alcoólatra pode, em circunstâncias normais, limitar o uso do álcool ao período noturno e, desta maneira, ser capaz de (pelo menos do ponto de vista do jogo) agir normalmente. No entanto, *toda* vez que um alcoólatra se vir frente a frente com o álcool, ele deverá obter um sucesso em um teste de Vontade, para evitar participar. Uma falha significa que ele tomará um porre que durará 2D horas, seguido de uma ressaca durando o dobro, durante a qual todos os seus atributos e perícias serão submetidos a um redutor de -3. Alcoólatras numa bebedeira caracterizam-se pela oscilação súbita de seu

humor (da cordialidade à hostilidade extremas) e podem vir a atacar seus amigos, falar demais e outros erros do gênero. Outro inconveniente do alcoolismo é que é difícil de se libertar dele. Quando uma personagem alcoólatra se "regenerar", ela não precisará mais ingerir álcool diariamente, mas terá de fazer um teste de Vontade, com um bônus de +4 sempre que estiver em presença de álcool. Uma falha não significa que ele voltará ao vício, mas indica uma bebedeira (três porres em uma semana trarão o vício de volta). Isto significa que não há nenhuma maneira normal de "recomprar" esta desvantagem. Um alcoólatra deve fazer todo ano um teste contra HT+2, até abandonar o vício. Uma falha significa que ele deve perder um ponto de um de seus quatro atributos básicos. Determine qual deles aleatoriamente ... Gagueira: a personagem sofre de gagueira ou outro problema de fala que o GM pode pedir para o jogador representar. Ela estará submetida a um redutor de -2 em todos os testes de reação onde for necessária uma conversa, e certas ocupações e perícias, como Diplomacia, Lábia, Oratória, Atuação ou Noticiarista, são impossíveis (Ibidem, pp. 26, 29 e 30).

O único defeito sério deste capítulo são os testes. Eles fracionam o texto, impedem que as relações sejam estabelecidas. O capítulo explora minuciosamente o conjunto de características de uma personagem inteira.

Além dos atributos básicos, das vantagens e desvantagens, *Gurps* oferece também pequenos retoques quanto à composição de uma personagem completa. Aparência Física, Riqueza e Status e o item Reputação, que pode influenciar na trajetória da personagem, tornando a aventura mais interessante.

O capítulo que trata das vantagens — habilidades inatas da personagem — indica que estas devem ser adquiridas no processo de criação. Por meio de uma contagem de pontos, as vantagens têm seu custo, que podem ser fixos ou variáveis, dependendo da escolha. A vantagem "memória eidética", por exemplo, tem um custo variando de trinta a sessenta pontos, sua capacidade é proporcional ao custo. A vantagem "reflexos em combate" tem um custo fixo. Ligados às vantagens, estão os respectivos testes a serem feitos pelo jogador quando a personagem se encontrar numa situação em que a vantagem for necessária.

Peculiaridades são o toque final para a composição da "alma" da personagem, visto que por meio delas o jogador estará particularizando sua personagem, tornando-a única:

> Não é uma vantagem nem necessariamente uma desvantagem — é simplesmente uma particularidade de sua personagem. Uma característica mais marcante, como, por exemplo, a Cobiça, é uma Desvantagem, mas se você é do tipo que insiste em ser pago em ouro, isto é uma Peculiaridade (op. cit., p. 41).

As Peculiaridades podem envolver Crenças e Objetivos, Aversões, Preferências, Hábitos, Expressões ou fatores semelhantes que emprestem mais "realismo" à personagem. As Perícias são sinônimos de conhecimentos aprendidos pelas personagens.

Cada tipo de perícia está ligado a um atributo básico (as perícias físicas estão baseadas no atributo DX; as perícias mentais baseadas no IQ) e para usá-las o jogador deve fazer um teste de habilidade, que terá sucesso se o número tirado nos dados for menor ou igual ao valor do atributo. Os valores das perícias são observados por meio de números, que quanto maior forem, darão àquela perícia maior exatidão e especialização. A especialização, ou melhor, o aprimoramento de perícias, é obtida por meio do gasto de pontos. No proceso de criação da personagem, serão escolhidas Perícias iniciais que serão compradas. O parâmetro para a compra das Perícias e os pontos que poderão ser gastos para a obtenção das mesmas são igual ao dobro da idade de uma personagem. O livro justifica esta regra explicando que este número de pontos corresponde à quantidade máxima de treinamento que alguém seria capaz de acumular durante toda sua vida antes de o jogo começar. Além da coerência na compra de uma perícia, o jogador deve obedecer aos pré-requisitos, porque, para obter determinada perícia, a personagem já deve ter desenvolvida outra perícia ligada à primeira.

O cuidado é recomendado na obtenção de Perícias para evitar que incoerências do tipo

> ... um caçador da Idade da Pedra não poderia ser, por exemplo, um piloto de jatos, e um espadachim da Renascença não poderia saber mergulhar

> ... A personagem deve ter um nível de habilidade maior ou igual a 12 na "perícia pré-requisito" para poder estudar a mais avançada. Por exemplo, é necessário ter um nível de conhecimento maior ou igual a 12 em Mecânica para poder estudar a engenharia de algum tipo de veículo (op. cit., p. 42).

Após a construção da personagem, o Capítulo 8 do *Gurps* enfoca os bens e os equipamentos que o jogador pode obter para sua personagem. Dinheiro, Roupas, Armaduras e Armas e respectivos danos e alcances.

Quanto ao dinheiro, cada cenário e aventura tem seu específico. A respeito das armaduras, há uma lista enorme com os tipos e especificações, como preço, peso, proteção etc.

Dano básico é o nome dado ao dano que ocorre por meio do impacto da arma, e cada uma tem suas especificações e danos em mais de uma tabela.

A quantidade de bens, armas, armaduras, enfim, os objetos que fazem parte da bagagem da personagem são colocados no item Carga. Uma tabela explica como o ritmo de movimentação da personagem muda de acordo com sua respectiva carga.

Finalizado o processo de criação, o jogador se depara, no Capítulo 9, com os itens de uma ficha completa da personagem.

Neste capítulo, encontra-se também o toque de criação que foge um pouco ao jogo, que são os itens: tempo gasto em estudos, bens em outros lugares, enfim, a história da personagem:

> Uma "história de uma personagem" é a história da vida de uma personagem de jogo, escrita pela pessoa que o representa. A história é uma grande ajuda à sua atuação. Você pode até preferir escrever a história primeiro e depois calcular os atributos da personagem ... Conforme sua personagem participar de aventuras e ganhar experiência, sua "história" irá se tornando mais longa e detalhada (op. cit., p. 80).

A Experiência obtida pela personagem no fim de cada aventura é representada pelo ganho de pontos dos jogadores.

No fim de cada sessão de jogo, o GM distribui alguns pontos como prêmio pela boa atuação. "Boa Atuação" é qualquer coisa que leve para diante a missão da personagem ou demonstre uma boa representação. De preferência os dois (op. cit., p. 82).

O Mestre de *Gurps* é o juiz da partida. O Mestre deve, antes de mais nada, ter uma enorme capacidade de absorção para poder usar as regras e tabelas que são apresentadas no decorrer das duzentas e sessenta páginas do Módulo Básico, e ainda saber usar as "regras" da narrativa para garantir uma aventura animada.

No antepenúltimo capítulo, dedicado ao Mestre, a prioridade deixa de ser as regras e tabelas de jogo. O principal são as dicas sobre a condução da campanha ou aventura pelo mestre:

> Poderíamos dizer que o Mestre, ou o GM, é quem faz o papel do juiz em um *Roleplaying Game*, mas isto seria simplificar demais a situação. Na realidade, ele funciona como um escritor de romances policiais, um contador de histórias, um guarda-livros cósmico, "a casa" em um cassino e, para as personagens, uma divindade menor (op. cit., p. 177).

No item "Início do jogo", o futuro Mestre é aconselhado a empreender diversas providências para o êxito das sessões de jogo, tais como: apresentação das personagens; verificação das perícias desenvolvidas desde a última sessão; preenchimento da Planilha de Controle do *Game Master*, onde constam os atributos e outras informações básicas sobre cada uma das personagens; descrição geral do contexto da aventura e dos empecilhos e restrições por acaso existentes em relação a certos tipos de personagem. O Mestre deve, também, preparar mapas para facilitar o andamento da aventura.

As campanhas podem ser do tipo em que os mortos são facilmente ressuscitados, de enigma e mistério, de aventura e combate, de humor, onde o objetivo é a galhofa, realista, cinematográfica, e o que mais o Mestre e os jogadores preferirem.

> As dicas ao Mestre na condução da aventura estão assim resumidas:
> Use seu bom senso ... Seja justo ... Mantenha viva a ação ... Não se apóie em receitas de nenhum tipo. Isto inclui, *indiscutivelmente*, as várias receitas existentes nas regras ... Não matarás. *Pelo menos não muito* (op. cit., p. 179).

Após estas explicações e conselhos espirituosos, o capítulo apresenta uma gama de medidas a ser levadas em conta: como o Mestre deve atuar como personagem incidental, os NPCs; os testes de reação que podem ser feitos; como lidar com os jogadores e mais uma defesa de que o RPG não se limita às regras*.

Gurps: os limites dos cálculos na narrativa e o mérito do raciocínio matemático no território da ficção

A forma de software deve ser facilitadora para mentes não viciadas na linguagem literária, para aquelas que vivem num mundo crescentemente informatizado e para as que têm inclinação ou desenvolveram um razoável raciocínio matemático. Para o comum dos mortais acostumado, desde a invenção da escrita, com o predomínio da estrutura linear em textos informativos, a forma do *Gurps* é algo próximo à tortura mental. A informação de uma página para ser completada e compreendida remete para vinte e nove páginas depois, freqüentemente!

Para criar uma personagem, é necessário vencer um processo semelhante ao de resolução de equações algébricas, onde os resultados de cada parte da equação (colchetes, parênteses, chaves) são processados numa determinada ordem e qualquer troca de sinais compromete a resolução final. É um labirinto matemático. Poder-se-ia argumentar que a narrativa literária também é labiríntica e envolve raciocínio matemático, inclusive, obrigando em sua produção a se respeitar os sinais negativos e positivos e as regiões de resolução. É verdade, mas a maioria dos escritores e leitores não tem consciência do processo e os jogadores e Mestres do *Gurps* têm de dominar os mecanismos para jogar. É de admirar que consigam. Merecem aplausos.

De qualquer forma, o fato de o jogo exigir muitos cálculos — como os da Tabela de Altura/Peso, na página 15, ou os componentes de uma reputação, na página 17 — limitam seu alcance junto aos possíveis jogadores que têm resistência a números. Ter de rolar dados para conferir os componentes e usar modificador de reação para uma quantidade infindável de itens confi-

---

* Ver *Gurps*, p. 182.

gura exagero, que, além de afastar os leitores, retarda a ação das personagens, comprometendo a ficção. Outro problema é o risco da obrigação de se calcular o tempo todo para favorecer um certo burocratismo nos jogadores inseguros de sua própria criatividade.

Não está dito, no Módulo Básico, que as regras, inclusive as que envolvem dados e cálculos, são essenciais para garantir a coerência da personagem. É claro que alguém não pode ser alto e baixo ao mesmo tempo, ou míope e de visão aguçada. As regras tentam evitar a incoerência narrativa, mas o texto não assume este vínculo entre a "brincadeira" e a produção de ficção.

O argumento de que ressaltar esse vínculo estragaria a "brincadeira", quebraria a ilusão, tornaria muito "sério" um produto dirigido a jovens leitores não é convincente. Existem exemplos de autores* capazes de trazerem para o universo ficcional questões estéticas bem complicadas para um público de iniciantes. O próprio Mark Rein•Hagen conseguiu assumir a ficção dentro do jogo em *Vampiro*.

A estrutura do jogo, a começar pelos atributos básicos, é muito belicosa, como no *AD & D*. Deve contribuir, também, para aumentar a resistência feminina ao RPG. Em uma das colunas verticais (outro problema, este da diagramação) está escrito "... um guerreiro pode muito bem sobreviver sem muita inteligência, especialmente se ele tiver amigos espertos". Como se a força devesse estar, obrigatoriamente, ligada à burrice![2]

Infelizmente não tive acesso à edição norte-americana, o que impede verificar se a existência na página 17 da sigla NT sem seu significado representa um problema de tradução ou uma decisão autoral de manter, ao extremo, o ir e vir no texto.

Pequenas diferenças a respeito das características ajudam a perceber as visões de cada jogo, como, por exemplo, o fato de Carisma ser visto como atributo no *AD & D* e no *Vampiro*, enquanto no *Gurps* é uma vantagem.

Perfeccionismo no *game*

O item Perícias e, especialmente, o de Desvantagens reforçam o detalhismo que cerca o jogo, mas reforça também o caráter lúdico. *Gurps* não é

* Monteiro Lobato era mestre nesta estratégia.

como *Vampiro*, que enfatiza a atividade de contar histórias. Além disto, por seu caráter genérico, sem um mundo específico, pode desenvolver mais os mecanismos de cálculos e brincadeiras com os dados.

AD &D propôs este modelo — Atributos, Habilidades, Perícias —, *Gurps o* afinou e o *Vampiro* o sofisticou introduzindo na estrutura mais narratividade. Do ponto de vista das Desvantagens, *Gurps* é imbatível como jogo.

Ao lado do caráter *game* existe um lugar para a narrativa coletiva, mas o principal é a personagem sem a qual o jogador perde seu objetivo de entretenimento (o grifo é meu). A diferença em relação ao *Vampiro* é que *Gurps* estabelece a hipótese de fazer os antecedentes antes, mas não tem o detalhamento do outro RPG.

O capítulo "O Mestre", do *Gurps*, é sem sombra de dúvida um ótimo roteiro para se lidar com as técnicas básicas de conduzir uma brincadeira coletiva como o RPG. Por meio de chamadas bem-humoradas e espirituosas, o Mestre tem contato com estas técnicas de modo que ele não se sinta acuado em frente ao detalhismo das regras ou em relação ao controle e os passos que devem ser tomados para evitar a aventura monótona. O Mestre é menos controlador das atitudes sociais dos jogadores, mais divertido, do que no *AD & D* e menos investido da responsabilidade poética do narrador em *Vampiro*. O Módulo Básico de *Gurps* é um software com o objetivo de divertir primeiramente. Outras possibilidades, inclusive a de narrar em mundos literários alheios, existem, mas o trecho a seguir esclarece o que é principal:

> Digamos, por exemplo, que as personagens tenham acabado de descobrir o santuário da Deusa-Mãe. De repente, elas percebem que foram seguidas. Uma dúzia de criaturas simiescas imensas entram pela porta e se aproximam ameaçadoras. Não há outra saída ... Uma das personagens mais jovens entra em pânico quando vê as criaturas e corre em direção à gigantesca estátua da Deusa-Mãe, abraça seus joelhos e grita por socorro. Ela não está rezando, está apenas implorando, como uma criança assustada. E você não estava preparado para isso ...

Não importa o que você faça, é sempre uma boa idéia esconder dos jogadores o fato de você estar improvisando. Deixe-os pensar que você tinha tudo isto planejado de antemão. Se você quiser admitir depois do jogo que estava simplesmente "inventando" é um problema seu, mas não interrompa o andamento do jogo. Jogue os dados, grite "Você conseguiu!" (ou "Você estragou tudo!") e mantenha o jogo andando (*Gurps*, p. 181).

Notas

1. Um dos pontos polêmicos levantados pelos jogadores durante o seminário RPG & Arte realizado no Centro Cultural Banco do Brasil, em março-abril de 1995, foi justamente a preferência, manifestada por alguns, pelo contato com o jogo no idioma que o originou. Palavras de um jogador: "Eu, por exemplo, prefiro jogar em inglês. Sinto-me melhor, me sinto mais à vontade. Acho essa língua mais poética e acho que fica melhor para jogar RPG. Muitos dos meus amigos concordam também. Isso é uma crítica. Ouvi muita gente dizer que não quer jogar por causa disso. Por isso é que comprei *Vampiro* em inglês, em vez de em português... É melhor eu jogar um RPG brasileiro, mesmo se preferir jogar o RPG estrangeiro? " (ver RPG & Arte, p. 274).

2. A quase obrigatória burrice de heróis muito fortes está presente também na literatura de Lobato, onde Hércules é incapaz de encontrar soluções para suas tarefas, precisando da assessoria constante dos picapauzinhos. É de pensar o quanto a necessidade de encontrar uma "brecha" para introduzir suas personagens no contexto da Grécia heróica e justificar esta introdução ficcionalmente levou o autor a alterar o mito, ou se a burrice do herói era puro preconceito, no livro *Os doze trabalhos de Hércules*.

➤ CAPÍTULO 6 ⮜

Vampiro, a máscara

Vampiro, a máscara é um jogo de RPG cujo livro de regras é dividido em três blocos — nove capítulos — intitulados Antecedentes, Gênese, Permutações. Para facilitar a compreensão da estrutura desse *Roleplaying Game*, vamos descrevê-la por meio da relação do jogo com o mundo dos vampiros, as regras, a personagem vampiro, a narrativa, o narrador/mestre. Os capítulos serão citados fora da ordem cronológica, por necessidade de sentido.

O mundo dos vampiros e o jogo

O livro abre com três textos pequenos — o maior tem onze páginas —, que são peças fundamentais do ponto de vista de análise do código inicial.

O primeiro é um comentário não assinado sobre os monstros que habitam todos nós e o renascimento individual depois da catábase necessária — descida às profundezas de nossa alma. Existe a comparação entre nossos desejos secretos e sombrios e os monstros que criamos, aparecendo o vampiro como uma metáfora de nossa "metade negra". É clara a influência da leitura junguiana sobre o mito neste texto, inclusive com o uso do termo "sombra" atribuído aos nossos temores primordiais. A advertência que o encerra poderia ter saído de uma das obras de Nietzsche:

"Não olhe a própria alma, a menos que esteja preparado para enfrentar o que descobrir" (*Vampiro*, p. 5).

Lançado nos Estados Unidos em 1992 e no Brasil em 1994, *Vampiro*, de Rein•Hagen, tem conquistado cada vez mais adeptos entre os tradicionais jogadores de RPG. Não existem dados estatísticos, mas, empiricamente, é possível afirmar que é um jogo que tem atraído o público feminino também, o que é raro. A leitura do texto citado anteriormente já fornece algumas pistas sobre esse sucesso com os jovens jogadores de RPG.

Trata-se de um jogo que reconhece a existência em nós do monstruoso e do medo. Ninguém que lembre bem de sua própria juventude pode negar o quanto a insegurança frente às mudanças internas e exigências externas amedronta e excita a adolescência. O desafio "nietzschiano" é perfeito para a faixa etária que se quer atingir. Está avisado que o fascinante caminhar pela terra dos monstros é uma aventura perigosa, como todas. Não é para qualquer um, só para os que são capazes de enfrentar o que for descoberto. Que adolescente, iniciado à ficção pelo RPG, resiste a um desafio destes?

O segundo texto é um prelúdio, onde um vampiro que assina as iniciais V. C. escreve uma carta a uma mulher a quem demonstra um amor cortês e, como prova desse amor, comete a suprema traição para um vampiro: a quebra da "máscara". Nesta carta estão as premissas do espaço vampiresco criado por Mark Rein•Hagen para a execução do jogo.

As premissas expressas no prelúdio têm como ambição (ou objetivo):

- desmistificar o que chama de "superstições e fraudes" exibidas pelo cinema (alho, crucifixos, luz do sol, estacas para destruir vampiros);
- informar sobre a existência de *Carniçais*, uma classe de criaturas entre os mortais e os vampiros, que funcionam como servos destes;
- explicar como um vampiro opta em apenas sugar todo o sangue de uma vítima, ou, além disto, dar-lhe de beber um pouco de seu próprio sangue, criando, assim, outro vampiro, condenado à vida eterna como Besta;
- comparar a fome por sangue, que acomete os vampiros, com uma droga da qual se depende inapelavelmente e que, saciado o desejo, provoca um êxtase indescritível;
- descrever a anatomia do vampiro com as mudanças conseqüentes ao "Abraço" (momento em que o mortal é transformado num vampiro), inclusive com detalhes sobre o que acontece com os órgãos vitais e com a potência sexual;
- relatar a luta entre o que resta de humanidade aos vampiros contra a fome que liberta a Besta e os leva a cometer todo tipo de perversidade, comparando esta luta a uma corda-bamba entre sanidade e loucura;

- discutir os prejuízos da imortalidade para a classe dos vampiros, comentando, de passagem, como esta velha pretensão humana é muito pior do que parece;
- relatar inconfidências sobre negados costumes vampíricos, como a *diablerie* (devassidão, que consiste em um vampiro caçar os outros da mesma espécie), ou sobre a *Jyhad*, guerra entre clãs;
- delinear a hierarquia do governo vampírico, a Família, o Principado, os Clãs, a Camarilla;
- citar uma genealogia vampírica, que remontaria a Caim, e traçar um curioso paralelo entre a história humana e os vampiros, atribuindo o surgimento da "máscara" às perseguições da Inquisição católica.

A "máscara" é a principal lei da Camarilla, organização vampírica de resistência que determina o sigilo sobre a condição de vampiro. O Iluminismo do século XVIII e o racionalismo que renegava a existência dos monstros são citados como movimentos estimulados pelos vampiros e benéficos aos mesmos. De forma irônica, V. C. relaciona eventos monstruosos — provável referência ao nazi-fascismo — ocorridos na Europa após o "aparecimento genial de Marx" a atividades de "monstros humanos". Atribui o surgimento ou a divulgação de drogas controladoras da mente aos vampiros, com o objetivo de silenciar ou distrair mentes humanas inquisitivas demais. O materialismo entre os mortais é, da mesma maneira, estimulado pela Camarilla, segundo o narrador do prelúdio, para evitar que a existência dos vampiros volte a ser admitida, acarretando, assim, outras perseguições aos mesmos.

O terceiro texto trata de descrever o "Abraço", a transformação de um ser humano em vampiro. É interessante, para posterior análise, tentar lê-lo desvinculado de seu contexto, da cronologia de aparecimento na obra:

> Aqueles olhos. Como os abismos do Inferno. Eu os fito e ali me perco. Minha mente grita por libertação ... Meu corpo não responde ... Os olhos dele, tão ternos ... não me oferecem piedade (idem, p. 19).

Adiante:

> Como um lobo, ele ataca. Suas presas perfuram meu pescoço e rasgam minha pele. Uma onda de calor percorre meu corpo: êxtase. Prova de

> minha essência quando ela jorra do meu pescoço, e em seguida começa a sugar. Agarro-o como se eu fosse um marinheiro se afogando, ou um amante. Minha rocha. Meu desejo (ibidem, p. 19).

Continuando:

> Sinto minha vida se esvaindo. Meus olhos estão embaciados; deixo escapar um último lamento. Abandonando o mundo de escuridão e dor, elevo-me, deixando para trás meu corpo imperfeito e pesado. O último grão de areia atravessa a ampulheta. Aqui está calmo. Estou em paz.
> *Esta é a morte, a consumadora...* (op. cit., p. 19).

Morte. Um dos principais tormentos do ser humano em todos os tempos, consome, mas também traz a paz, o abandono à escuridão, a despedida da imperfeição. Mas não é tão fácil assim para a vítima...

> Calor! Dor! Confusão! Um cheiro pungente invade minhas narinas. A fragrância fria arranca minha alma de seu descanso. Ele me estende o pulso. Vida pulsante, cujo brilho vermelho acena para mim. Sei apenas de uma coisa: preciso beber para viver.
> *Oh, Deus! Tende piedade!* (op. cit., p. 19).

A vítima se debate entre a tranqüilidade da morte e, novamente, a atração pela vida, que o algoz (desejado) oferece. Pela primeira vez, é possível identificar um elemento do folclore vampiresco. Um pouco do sangue do próprio para reabastecer a vítima:

> Sou conduzido como um animal. Sedento, sugo de sua pele. O líquido quente acaricia a minha boca. Recebo com alegria sua calidez. Os músculos que cederam à morte voltam dolorosamente à atividade. Tento gritar. A corrente de vida continua a me preencher. A dor torna-se êxtase. Que agonia estranha e vital! Nós nos tornamos um (op. cit., p. 19).

Os parágrafos foram isolados de propósito e os grifos são meus. É o fecho de um ciclo dos pequenos textos introdutórios. Compreensão do sombrio, desafio à coragem, oferecimento da alternativa da ficção no primeiro texto. Amor cortês de um vampiro por uma mulher a quem ele não pretende "abraçar", no segundo. Erotismo homossexual masculino, no último.

O Capítulo 1 do livro propõe-se a fazer uma introdução ao jogo propriamente dito, como um jogo de faz-de-conta, de contar histórias de "loucura e desejo".

> Para jogar este jogo é preciso confrontar a loucura que se esconde em você... A não ser que esteja disposto a ver o reflexo de *suas próprias* imperfeições, não siga adiante. Aqueles que ousam vislumbrar a eternidade não são recompensados apenas com a sabedoria, mas também com a loucura (op. cit., p. 21).

A introdução critica a passividade e a manipulação advindas da TV e explica a necessidade de voltar a contar histórias e de resgatar as lendas e os mitos que permitem um entendimento mais apurado dos contextos familiares e sociais dos jogadores. O autor usa a estratégia de se dirigir o tempo todo diretamente ao leitor. A respeito de o "Vampiro" esclarece:

> Você não apenas conta histórias, mas na verdade atua nelas, assumindo os papéis das personagens centrais. Parece muito com representar, só que você mesmo inventa as falas (op. cit., p. 22).

É, sem dúvida, dos livros examinados, o RPG que coloca com mais clareza e simplicidade o que significa o *Roleplaying Game* e o que relaciona melhor os elementos da narrativa ficcional com o jogo. Na Introdução, estão esboçados:

- os princípios do jogo — premissa da sobrevivência das personagens e não da vitória; acessórios a serem usados, como lápis, papel, xérox de fichas de personagens, dados de dez lados, fotos, lenços; a possibilidade de se jogar *Vampiro* "ao vivo" (o chamado *Live Action*), que se define por ser uma modalidade de jogo em que os jogadores não descrevem o que suas personagens fazem ou falam, e sim representam em movimento como num palco;

- peculiaridades da *persona* vampiresca, como o "abraço", a Golconda — uma espécie de ponto de equilíbrio que poucos vampiros atingem — a "Fome" e a natureza da "Besta";
- o significado do mito. Neste item, é de perguntar quantos jogadores percebem e, principalmente, como percebem a intenção explícita do autor. "Vampiro" é colocado como um jogo para aqueles que são capazes de "saborear seu clima"* neogótico, romântico, mas "mesclado ao atual e hipercinético mundo da MTV", num claro resgate da estética *dark*.

O Capítulo 2 de *Vampiro* detalha o cenário, o mundo em que o jogo se desenvolve. Um mundo que é uma metáfora para nosso próprio mundo, é o que a nossa sociedade pode se transformar se continuar tão doente quanto é agora. Duas sociedades convivem neste cenário: a gótica, humana, conservadora, resistente às mudanças, com uma parcela *punk* onde "gangues governam as ruas e o crime organizado domina o submundo". Por trás de todo o crime, a sociedade da máscara, a sociedade vampírica.

Este capítulo esclarece os meandros da sobrevivência dos vampiros. Na verdade, cria uma mitologia vampiresca, sem citar fontes que por acaso tenham criado alguns desses mitos ou conceitos antes.

Os vampiros vivem nas cidades porque no espaço urbano é mais fácil caçar sangue, e no campo existem os lobisomens, inimigos naturais dos vampiros. Os vampiros não vivem em paz entre eles mesmos, porque mais cedo ou mais tarde a guerra entre eles explode, a *Jyhad*. Geralmente a proporção, numa cidade, é de um vampiro para cada 100 mil seres humanos. Os *Caitiff*, ou Desgarrados, não vivem na "família", e a sociedade dos vampiros é dividida em castas, com territórios governados por príncipes — vampiros mais velhos e/ou mais poderosos — que precisam manter sua ascendência pela força.

O capítulo descreve o governo vampírico, os direitos dos príncipes, as seis tradições da Máscara, o funcionamento do conselho de Anciões, os territórios considerados "Elísios", onde nenhuma violência é permitida.

Aí também estão as informações básicas sobre quem são os vampiros — as seitas e instituições decisórias, os oito clãs reconhecidos, os três clãs independentes — e sobre seus inimigos, declarados ou prováveis.

---

* Ver REIN•HAGEN, Mark. *Vampiro*, p. 25.

É interessante notar que estas informações já fornecem elementos para os enredos dos jogadores. É possível começar a definir as posições das futuras personagens atuando como vampiros ou como inimigos destes, que podem ser membros de governos, da Santa Inquisição, estudiosos participantes de uma sociedade chamada de "Arcano", lobisomens, magos, Carniçais — mortais com quem os vampiros mantêm um laço de sangue para servi-los e protegê-los durante o dia, mas que facilmente tornam-se traidores dos seus senhores.

Um quadro geral das gerações da família vampírica, com um breve histórico de cada uma, de Caim até a Décima Quinta Geração — a mais fraca e menor pela distância com o ancestral —, e um glossário de termos vampíricos completa as informações básicas sobre o "mundo" das trevas. Geração não significa idade, identifica apenas o vampiro.

As personagens dos jogadores serão sempre da Décima Terceira Geração, a menos que regras específicas de composição de personagens sejam utilizadas. No quadro de gerações também se explica a prática da *diablerie*, que consiste em assassinar membros de gerações precedentes para beber seu sangue.

As "leis" do mundo vampírico fazem parte do "cenário" e vale a pena citá-las:

• A Primeira Tradição: a Máscara
Não revelarás tua verdadeira natureza àqueles que não sejam do Sangue. Ao fazer isto, renunciarás aos teus direitos de Sangue.

• A Segunda Tradição: o Domínio
Teu domínio é de tua inteira responsabilidade. Todos os outros devem-te respeito enquanto nele estiverem. Ninguém poderá desafiar tua palavra enquanto estiver em teu domínio.

• A Terceira Tradição: a Progênie
Apenas com a permissão de teu Ancião gerarás outro de tua raça. Se criares outro sem a permissão de teu Ancião, tu e tua progênie serão sacrificados.

• A Quarta Tradição: a Responsabilidade
Aqueles que criares serão teus próprios filhos. Até que tua progênie seja liberada, tu os comandarás com todas as coisas. Os pecados de teus filhos recairão sobre ti.

• A Quinta Tradição: a Hospitalidade
Honrarás o domínio de teu próximo. Quando chegares a uma cidade estrangeira, tu te apresentarás perante àquele que a gerir. Sem a palavra de aceitação, tu não és nada.

• A Sexta Tradição: a Destruição
Tu és proibido de destruir outro de tua espécie. O direito de destruição pertence apenas ao teu Ancião. Apenas os mais Antigos entre vós convocarão a Caçada de Sangue (op. cit., p. 36).

Elementos importantes do "mundo" vampírico são esclarecidos adiante, no final do Capítulo 6, com o subtítulo "Arquétipos de Histórias".

A relação dos vampiros com seu principal alimento, o sangue, e suas fontes também oferece várias possibilidades de enredo.

As personagens podem se alimentar de criminosos e mendigos, muitas vezes com o sangue tão poluído que até a um vampiro pode prejudicar. Neste território, o do submundo, as chances de confronto com policiais e criminosos experientes é grande.

A opção dos jogadores/vampiros sendo a de viver no campo deve considerar ser este um local povoado por lobisomens, espíritos, fadas e camponeses armados, no "mundo" proposto pelo jogo. No geral, a cidade é mais segura para os vampiros, mas o campo serve, freqüentemente, como cenário para aventuras de fuga ou busca.

Os vampiros facilmente se envolvem com intrigas entre eles mesmos ou com vingança contra um opositor que prejudique o grupo. Uma preocupação constante dos vampiros é não chamar a atenção para sua existência, defender a Máscara.

Outra preocupação está relacionada com os laços com o mundo mortal: familiares, amigos, a necessidade de manter segredo e o gosto recém-adquirido por sangue, o conflito entre o amor e a fome, o apetite sexual e romântico, os laços entre o vampiro neófito e o que fez dele um morto-vivo por meio do "Abraço". O livro compara este laço de sangue com a relação entre um pai e seu filho, ou à de um amante experiente com uma virgem.

A relação dos vampiros com o mundo humano, às vezes, apresenta complicadores. Alguns não querem ser vampiros. Estes podem dedicar-se a praticar o bem, a recuperar sua humanidade. Outros precisam levar uma vida normal. Pessoas muito conhecidas como mortais precisam conciliar os dois mundos, o cotidiano e o das trevas, apesar de terem se tornado vampiros.

No mundo de "Vampiro" os conflitos básicos são: vampiros x caçadores; vampiros x lobisomens; anarquistas x Anciões; Ancião x Ancião; Camarilla x Sabá (seita de vampiros); humanidade x Besta (interno); clã x clã; vampiro x vampiro (por campos de caça e territórios); vampiros x magos; sanidade x loucura; sobrevivência x justiça; vampiros x desconhecidos.

O livro de regras explica como os vampiros morrem: por decapitação, pressão de águas profundas, explosões (daí o fogo ter uma parte nas regras, particularmente para explicar seus perigos), luz solar e certas doenças vampíricas. Todas as formas de morte ou atos que limitam a existência dos vampiros (estacas, frio etc.) são exploradas em seus diversos níveis de gravidade*.

A narrativa e o jogo

O Capítulo 3 dedica-se a apresentar as técnicas da narração, abordando também os motivos pelos quais as pessoas gostam de jogos de personificação de papéis e que justificam os jogadores desejarem permanecer algum tempo no mundo que o narrador cria. Os motivos apontados são: gostar de contar histórias, viver situações diferentes do próprio cotidiano, resolver problemas narrativos, como desafios, substituir a falta de sucesso na vida real por sucesso na ficção de RPG, exercer o poder na narrativa que é negado no dia-a-dia, participar de uma atividade social prazerosa, viver emoções fortes em situações ficcionais e, finalmente, a catarse, no livro definida como uma escapada do cotidiano.

* Ver REIN•HAGEN, Mark. Op. cit., pp. 191-194.

Deixando de lado, por hora, o conceito apresentado para catarse, pode-se observar a importância que este jogo atribui à atividade ficcional apresentada como uma oportunidade de exercitar criativamente o real da ilusão. O jogo assume de forma clara, talvez não tão explícita, seu papel de auto-ajuda, na melhor acepção do termo.

O Capítulo 6 trata da crônica, que já foi definida no capítulo de regras como uma série de histórias ligadas entre si por tema, trama e personagens.

Foi divertido para mim, ao escrever uma tese de doutorado sobre RPG, encontrar a seguinte ressalva no Livro de Regras de *Vampiro*:

> Embora alguns professores de literatura possam não concordar conosco, decidimos dividir a história em cinco aspectos diferentes, de modo a dar-lhe uma visão melhor do que as histórias agregam, assim como para facilitar-lhe concebê-las. Estes aspectos são Tema, Conflito, Drama, Trama e Clima (op. cit., p. 11).

Vamos ver agora como estes aspectos são conceituados, mesmo que "alguns professores de literatura possam não concordar".

Tema é o padrão pelo qual tudo na história se encaixa, é a direção, o sabor e o propósito de uma história. É uma situação apresentada para que as personagens façam dela o que quiserem, e está presente em todas as histórias. O Tema não leva os jogadores a conclusões sobre o bem e o mal, e sim coloca uma questão sem uma resposta determinada.

Conflito é representado numa história quando ocorrem dificuldades de convivência entre as personagens, devido a incompatibilidade, antagonismo ou divergência de interesses. Influencia o curso da Trama e motiva as personagens. O livro recomenda não misturar muito os conflitos, manter um ou dois básicos para não criar confusão na Trama. Sugere ainda utilizar a estratégia de usar um conflito aparente — que as personagens pensam que é o principal — mascarando um menos aparente —, o que realmente importa.

Trama se define no Livro de Regras de *Vampiro* como o progresso da história por meio de cenas, ações, eventos. Quem conduz a Trama no jogo é o narrador. As convenções citadas a respeito são que toda história deve:

- ter um começo em que o narrador arma a cena para os jogadores descrevendo o cenário;
- apresentar um chamariz envolvente para as personagens mergulharem na história, sendo que este chamariz pode ser os conflitos principais, uma ameaça etc.;
- conduzir a um desenvolvimento da Trama, dando às personagens a oportunidade de lidarem com o conflito central e não permitindo que interrupções rompam o suspense;
- criar ganchos deixando acontecimentos "pendurados" de uma sessão do jogo para outra, ou criando a ilusão de que o clímax da história foi alcançado, para desapontar em seguida as personagens com novos problemas;
- acrescentar viradas na Trama, no meio da história, para causar surpresas aos jogadores/personagens;
- atingir o clímax, que é a resolução da história e que deve ser um resultado lógico dos eventos pensados no começo da história. Deve-se desenvolver em função do que ocorreu antes e ser afetado pelas ações das personagens no decorrer da Trama. Nunca deve ser determinado com antecedência;
- chegar a uma resolução, que é um final onde as pontas da história são amarradas, novas informações são estabelecidas e, em termos do jogo, surge o momento de os jogadores relaxarem e as personagens interagirem sem maiores compromissos.

Drama é definido para os propósitos do jogo como o elemento mais importante da Trama, entre os cinco componentes da história. É descrito como:

> ... qualquer série de eventos que gerem resultados vívidos, emocionais ou fortes sobre a vida das personagens ... são os momentos mais intensos e divertidos da trama ... O drama é essencial se os jogadores quiserem ter a oportunidade de afetar diretamente a trama através das ações de suas personagens (op. cit., p. 115).

O Clima é o tom dominante da história, e o narrador deve definir de antemão qual a qualidade emocional decisiva e introduzi-la desde o início da partida. Cada história deve possuir uma atmosfera distinta. Os exemplos citados de Clima são: o romântico, o tenso, o misterioso, o excitante, o mórbido, o sobrenatural, o de loucura, o idílico, o bem-humorado.

Convém destacar que estes conceitos estão nos estudos de literatura que antecedem de muitos séculos o Livro de Regras de *Vampiro*. Adiante, isto será comentado.

Sob os subtítulos "A arte de narrar" e "Técnicas narrativas", o capítulo sobre narração tenta dar conta de ensinar como contar uma história no ambiente do jogo, sempre usando a estratégia de dirigir-se diretamente ao leitor, candidato, por suposição, a narrador de "Vampiro":

- tornar o final de suas histórias o mais aberto possível;
- uma história de horror deve gerar medo, e a melhor maneira de conseguir isto é por meio do suspense, que é "mais do que simplesmente medo; é também antecipação e pavor"*. Os jogadores devem ignorar o que acontecerá em seguida na aventura.

As técnicas mais importantes para criar e manter suspense são:

- o ritmo, algo difícil de descrever, mas que costuma significar começar com mistério e drama e lentamente cair no horror, ou, então, as coisas moverem-se lentamente e depois adquirirem rapidez, criando sensação de um fluxo real de tempo;
- a descrição completa, pelo narrador, das sensações das personagens ou a técnica oposta de não descrever nada, deixando para a imaginação dos jogadores a descrição de certos pontos;
- a técnica de contraste entre situações, construindo e aliviando tensões e alternando adversários;
- a tática de conferir prazo às personagens para conseguirem um determinado resultado num certo período de tempo;
- a tática de adiar o sucesso das personagens, criando eventos paralelos e secundários entre elas e seus objetivos principais;

---

* Ver REIN•HAGEN, Mark. Op. cit., p. 63.

- a dissimulação de elementos da história, de forma a se manterem escondidos dos jogadores e que eles precisem sempre adivinhar e fiquem confundidos pela intriga;
- a colocação de refúgios seguros e, depois, a destruição da segurança sentida pelos jogadores;
- o aumento e, em seguida, a diminuição dos parâmetros da trama ou vice-versa, como acontece em *Guerra nas estrelas*;
- a destruição dos amigos das personagens, física ou moralmente.

As técnicas narrativas sugeridas são:

- a de flashbacks, por meio da introdução de uma segunda história que represente o passado de uma personagem;
- a de introduzir uma história paralela à principal, ao mesmo tempo, sempre interrompendo uma ou outra por meio de um "gancho", a secundária reforçando o tema e o poder da história central;
- a utilização da capacidade de premonição em uma das personagens;
- a utilização da personificação de sonhos das personagens;
- a utilização de simbolismos, fazendo uma coisa representar outra na história.

As recomendações que combinam a narrativa com o jogo, dirigidas ao narrador/mestre:

- ter todas as personagens em mente e dar igual chance de ação e interação a cada jogador;
- abrir mão das regras, se elas atrapalharem a narrativa;
- encorajar a representação dos jogadores entre eles, desde que se mantenham fiéis às características de suas personagens;
- encorajar a iniciativa dos jogadores no desenrolar da trama;
- não forçar as personagens a uma trama predeterminada, buscando o equilíbrio entre o improviso de cada jogador e as premissas do enredo;
- não permitir que a trama seja regida pela sorte (os dados), e sim pela imaginação dos jogadores;
- garantir fidelidade às características das personagens;
- quebrar a expectativa dos jogadores por meio da destruição de estereótipos de situações ou personagens.

A "ginástica" empreendida pelo autor de "Vampiro" para combinar narrativa e jogo não é simples. Por um lado, estão aí reunidos alguns dos principais "macetes" ficcionais; por outro, estes têm de estar à disposição de um enredo coletivo, interativo e instantâneo. Tudo isto num texto rápido, em linguagem coloquial. Talvez para não tornar o texto erudito, o autor não cita exemplos de aplicação destes "macetes", com exceção do filme *Guerra nas estrelas*.

No *Vampiro* aparece, nas indicações ao narrador, a combinação de personagem e jogador, que representa a mistura entre as regras da narrativa e as do jogo: num livro ou num filme, a quebra de expectativa é criada para o leitor ou espectador. No jogo, as personagens e os jogadores têm de ser surpreendidos, ao mesmo tempo, o que não é uma atividade simples, considerando o trabalho que dá para o narrador/mestre quebrar expectativas em dois níveis o tempo todo.

O Capítulo 6 descreve três categorias diferentes do conceito de crônica. São elas as do tipo Clássico, de Interpretação e Bizarro.

As crônicas do tipo Clássico são as que seguem "as idéias mais usadas nos filmes e nos livros". Gangues anarquistas lutando contra vampiros invasores, que, por sua vez, se aliam a outras gangues. Peregrinos modernos fugindo ou não de ameaças concretas ou imaginadas. Vampiros que formam bandas de rock, refugiados de guerras internas, ou pertencentes à nobreza na Idade Média européia.

As crônicas que usam mais a Interpretação fazem pouco uso de combates ou decisões nos dados. São aconselhadas a jogadores mais experientes, não se definindo o que caracteriza exatamente a experiência. Esta talvez seja jogar mais RPG, jogar há mais tempo ou conhecer melhor o *Vampiro*.

Os exemplos dados neste item privilegiam a intriga entre os vampiros, o jogo de poder entre eles, a ambição, o desejo por convívio com os mortais.

As crônicas do tipo Bizarro podem usar participantes de grupos terroristas (IRA, fundamentalistas islâmicos, eco-terroristas) que se tornaram vampiros, mas que mantêm as mesmas crenças e vivem a contradição da necessidade de sigilo sobre sua condição de vampiro e o desejo de continuar suas lutas anteriores à vampirização. São sugeridos também conflitos de lealdade na hierarquia vampírica, vampiros como manipuladores de cultos ou patronos de instituições beneficentes; enfim, é o vale-tudo.

As regras e o jogo

O Capítulo 4 trata das regras do jogo e começa por definir como o Tempo é contado numa trama de *Vampiro*:

- turno: unidade de tempo dentro de uma cena, suficiente para executar uma ação, com duração variável de três segundos a três minutos;
- cena: ação e interpretação em um único ambiente, durando quantos turnos forem necessários para interpretá-la. Pode ser completada sem contagem de turnos também;
- capítulo: parte independente de uma história, que, em geral, dura uma sessão de jogo. Diversas cenas interligadas por entreatos;
- história: trama completa, com introdução, desenvolvimento e clímax. Geralmente leva vários capítulos (sessões de jogo, portanto) para ser finalizada;
- crônica: série de histórias ligadas entre si pelas personagens e talvez por um tema e uma trama concebidos amplamente.

Outro conceito básico num jogo de personificação:

- Ação: o que faz uma personagem, além de falar e pensar, naturalmente. O jogador diz ao narrador o que sua personagem está fazendo, e, algumas vezes, torna-se necessário o uso de dados para saber se a ação fracassa ou obtém sucesso.

No item "Sistema de Regras" do Capítulo 9, que trata do Drama, há uma gama enorme de ações físicas, mentais e sociais que — apesar de terem suas restrições previstas — podem ser interpretadas como "cenas dramáticas", que usam das regras apenas como uma forma de auxiliar na criação da situação. As ações passíveis de influenciar a crônica não estão necessariamente vinculadas à lealdade do narrador aos "Sistemas de Regras" e sim à fidelidade deste à aventura que criou.

O Capítulo 4 trata das regras do jogo especificamente e é escrito de forma tão detalhada que se chega a suspeitar que trata-se de uma homenagem às complicadas regras dos outros jogos. Explica-se primeiro as regras de uso dos dados, define-se o que são características de personagens e seus níveis, exemplifica-se como jogar os dados, como se estabelece o grau de dificuldade para um resultado e a margem de sucesso:

> O sistema de jogo em *Vampiro* usa dados de 10 lados ... Se você for o Narrador, precisará de vários dados — pelo menos 10, todos para você ... Sempre que o sucesso de uma ação estiver em dúvida ... será preciso decidir nos dados ... Uma personagem é descrita por suas Características — as habilidades e aptidões inatas e adquiridas que ela possui. As Características são definidas por números que variam de 1 a 5 e expressam o grau de competência da personagem numa Característica específica, em escala ascendente. Assim, o nível 1 corresponde a "fraco", enquanto o nível 5 representa um grau de competência "extraordinário" ... Usa-se um dado para cada nível que sua personagem tenha numa determinada Característica. Portanto, se você tiver 4 no nível de Força, poderá jogar quatro dados. Se tiver 1 no de Percepção, poderá jogar somente um dado (op. cit., pp. 76 e 77).

Complicado? Considere que a citação é maior, cortei-a para a hipótese de algum leitor considerar insuportável acompanhar o raciocínio. Estas regras podem ser simples para quem gosta de jogar dados. Para quem aprecia regras só compreensíveis para os iniciados. No entanto, o livro tenta evitar a "armadilha" de ficar restrito a uma tribo e exemplifica:

> Assim, se o narrador quisesse, por exemplo, que os jogadores fizessem um lance de dados para verificar se as personagens notam o carro-patrulha que os está seguindo, ele determinaria que elas fizessem a jogada utilizando seus níveis de Percepção (um Atributo) e Prontidão (uma Habilidade) somados. Ou seja, cada uma lançaria um número de dados correspondente ao número de seus pontos de Percepção *mais* seus pontos de Prontidão. Em outras palavras, usariam tantos dados quantos fossem seus totais de pontos com aquele Atributo e Habilidade (op. cit., p. 77).
>
> Antes de usar o dado é preciso definir qual o objetivo da jogada...

> É preciso saber que tipo de resultado se busca ao fazer um lance de dados. Sempre que for necessário fazer uma jogada, o narrador estabelecerá um "grau de dificuldade" para ela. Este grau de dificuldade é expresso por um número entre 2 e 10, e será preciso obter pelo menos um resultado igual a esse número no lance de dados para que você seja considerado bem-sucedido no que quer que esteja tentando realizar (op. cit., p. 77).

Se o leitor parou de prestar atenção por causa das citações enormes das regras do RPG Vampiro, lembre-se que este é um estudo sobre *Roleplaying Game* norte-americano, objeto com características específicas para um consumidor também específico. A maioria dos jogadores de RPG não se incomoda de jogar dados, até gosta.

O mais importante para um não-jogador de RPG é o fato de que, duas páginas adiante, o Livro de Regras informa que a "regra de ouro" de *Vampiro* é a de que não há regras. O jogo pode ser adaptado segundo as necessidades do narrador.

O Livro de Regras do "Vampiro", assim, está preparado para dois tipos de público:

- o que adora interromper a todo instante a história para decidir se o carro-patrulha foi percebido ou não, por que os corvos estão crocitando tão alto, ou então entre dois vampiros qual é o que vence uma queda-de-braço.
- o grupo que tem como principal objetivo fabular, contar histórias, dramatizar, viver personagens e situações ficcionais com emoções fortes.

Para quem gosta de usar os dados com freqüência, o livro oferece duzentos e setenta diferentes tipos de jogadas simples e cita exemplos.

Os danos que podem atingir um vampiro estão colocados nos itens Estados Físicos e Vitalidade* do Capítulo 7, que versa sobre as Características dos vampiros. Os danos físicos não exigem cálculos complicados e são objetivos na descrição do ferimento e sua conseqüência nas ações da personagem. A pior conseqüência dos ferimentos pode ser a chamada Morte

* Ver REIN•HAGEN, Mark. Op. cit., pp. 179, 190 e 195.

Final, que é a privação total de pontos de sangue e níveis de Vitalidade acarretando a desintegração do corpo e sua transformação em cinzas.

Quando não ocorre ao vampiro a Morte Final, mas seus danos estão bastante agravados, existe a possibilidade de ele entrar em torpor, sono profundo em que cai quando está além do estado Incapacitado* e não pode ser curado. O torpor pode durar dias, centenas de anos ou ultrapassar o milênio, o que possibilita uma ótima crônica, visto que a personagem pode ter estado em torpor durante séculos e acordar numa época distante e desconhecida[1].

A trajetória das personagens e os danos mentais que podem atingir suas personalidades são abordados no Capítulo 8. O detalhamento proposto configura que o jogo é uma brincadeira realmente de terror, e narrador e jogadores devem estar conscientes disto. Da Golconda** ao Frenesi***, tudo pode ser representado pelos jogadores/personagens.

Perturbações mentais graves, ações desonestas e até hediondas, medo descomunal à luz e ao fogo são elementos indispensáveis a um enredo "pesado" feito para os que têm corações e mentes fortes e um narrador capaz de dominar as regras que administram os "pecados" e dificuldades vampíricos. Quando a Besta domina, o vampiro começa a agir imoralmente, o que de acordo com as regras deve ser evitado, pois afeta a Humanidade da personagem. Após sua personagem cometer atos mórbidos, o jogador deve fazer testes para ver quais as conseqüências mentais desses atos.

O Frenesi para ser interpretado envolve testes de Autocontrole e regras específicas que determinam o que costuma provocá-lo, sua duração e a interpretação adequada****. Quanto à Golconda, o narrador deve evitar, ao máximo, que alguma personagem a atinja, segundo o Livro de Regras, porque este tipo de equilíbrio é muito difícil para ser obtido em algumas sessões (capítulos) de jogo.

Um dos estados mentais mais interessantes é o Laço de Sangue. A criação de um Laço de Sangue de um vampiro com outro se dá mediante a troca do sangue entre ambos. O receptor do sangue é denominado Vassalo

---

* Ver REIN•HAGEN, Mark. Op. cit., p. 179 (tabela).

** O equilíbrio, por meio da aceitação do conflito inevitável entre a humanidade que ainda resta e o estado de vampiro.

*** A dominância da Besta sobre o lado humano.

**** Ver REIN•HAGEN, Mark. Op. cit., p. 196.

e o doador, Regente, que após dar qualquer quantidade do seu sangue para o vassalo pode criar com ele uma relação poderosíssima de subserviência (podendo o Regente saber as emoções do Vassalo), até mesmo amorosa, demonstrando assim o caráter erótico e andrógino de *Vampiro*.

Conselhos sobre como resolver ações dramáticas dentro das regras são o assunto do Capítulo 9, que trata do Drama e abrange significativamente as necessidades de um jogo que envolve muita ação e, ao mesmo tempo, malícia. Todas essas ações podem ser feitas por meio de testes com os dados ou não. A ação de caçar uma vítima, por exemplo, além de necessitar de um teste de dados, apresenta restrições para o sucesso da ação, o que, sem dúvida, é importante para controlar a onipotência do jogador — qual é o vampiro que não prefere acertar uma carótida logo na primeira tentativa? —, mas o sucesso e as restrições podem ser arbitradas pelo narrador:

> Se você não estiver interessado no tipo de drama gerado ao se colocar o *jogo* na *história*, use as regras do sucesso automático. Não desperdice tempo com um teste que não irá adicionar nada de particular à história, ou que seja desinteressante para você ou para os jogadores (op. cit., p. 207).

Para os que preferem incluir o jogo na história são detalhadas as ações básicas, os testes de iniciativa e de esquiva quanto ao combate, o ataque e os instrumentos usados (armas brancas, armas de fogo, armaduras ou até mesmo luta corporal), a lista de armas (calibre, pente, alcance, dano etc.), armaduras; regras de luta corporal altamente sofisticadas.

A personagem e o jogo

O Capítulo 5 ensina como criar uma personagem para jogar *Vampiro* e indica que a criação deve ocupar uma sessão do jogo. O primeiro limite é que a personagem comece o jogo como um vampiro jovem e recém-emancipado pelo vampiro que o "abraçou": a personagem deve ser um vampiro há cinqüenta anos ou menos. Existe um número de pontos fixos a serem distribuídos em cada item da planilha da personagem. No final do processo, o jogador pode usar pontos, mas deve sempre seguir os níveis fraco, médio e extraordinário. O processo todo de criação é descrito em cinco passos, com quadros explicativos e indicações das páginas onde podem ser encontradas descrições mais completas. Um dos pontos mais interessantes do capítulo está no final, onde o leitor aprende a desenvolver os antecedentes da personagem que "Vampiro" trata como Prelúdio. O processo de como fazer o Prelúdio é muito semelhante ao sugerido por livros que ensinam a fazer roteiros para TV ou cinema.

Como costuma acontecer em certos livros de culinária, "Vampiro" estabelece um passo a passo bastante didático sobre a criação da personagem a ser interpretada pelo jogador[2].

O Passo 1 indica que o jogador deve escolher um Conceito, Clã, Natureza e Comportamento. O objetivo é trabalhar com características ou situações no mínimo típicas. Num dos quadros apresentados — mistura de profissão, circunstâncias sociais, condições físicas —, o jogador escolhe o conceito de sua personagem. Noutro, ele escolhe o clã. Em outro, escolhe a natureza, definida aqui como o aspecto dominante da personalidade da personagem.

O jogador não é obrigado a escolher dentro do quadro de Arquétipos de Personalidade, mas a sugestão é quase irresistível e adequada à rapidez necessária a uma sessão do jogo. Comportamento é diferente de personalidade, porque comportamento é mutável, não influi sobre as regras do jogo, é o papel que a personagem desempenha para os outros. Pode mudar durante a partida e, portanto, é opcional defini-lo.

O Passo 2 é o de determinar os atributos básicos da personagem. Tudo que a personagem é física, social e mentalmente. Este item mantém relação com o conceito e o clã da personagem — tipo um vampiro caminhoneiro do clã *Nosferato*, pouco afeito ao convívio social, não precisa ser encantador e bem-falante — mas a relação entre conceito e atributos não é automática. A quantidade de pontos a serem divididos entre os atributos é fixa.

O Passo 3 é para definir habilidades divididas em talentos — habilidades intuitivas, não aprendidas em livros, adquiridas na experiência direta; perícias — habilidades ensinadas e treinadas; conhecimentos — habilidades mentais, mais livrescas. Da mesma forma que os atributos, existe um número de pontos a ser distribuído nos níveis primário, secundário e terciário.

Esta obrigatoriedade é interessante porque faz com que todas as personagens tenham pontos fracos, medianos e fortes, o que as humaniza e evita a "ganância" dos jogadores de tentar criar um ser todo-poderoso em uma coisa e nulo em outras. Algo como evitar que o jogador produza um monstro de Frankstein.

O Passo 4 tem o objetivo de alocar as "vantagens" que possui a personagem. Estas vantagens podem ser disciplinas que estão relacionadas com artes místicas dos vampiros, antecedentes relacionados com a ex-mortalidade, a genealogia vampírica ou circunstâncias sociais e virtudes definidas pelo Livro de Regras como Autocontrole, Coragem e Consciência.

O Passo 5 diz respeito aos toques finais. Neste momento, o jogador recebe 15 pontos de bônus, que pode acrescentar a qualquer uma das Características citadas acima. O certo é que um ponto de bônus não significa um ponto a mais em cada item.

É aconselhável, no entanto, explica o livro, distribuir primeiro alguns pontos entre as seguintes características:

- Força de Vontade: essencial para resistir aos impulsos predatórios da Besta e para administrar a capacidade de praticar feitiçaria.
- Humanidade: é importante ter pontuação alta neste índice, porque, caso contrário, a personagem terá degenerado completamente e não poderá mais ser usada pelo jogador. O livro não explica o porquê desta interdição, o que conduz à suposição de que vampiros totais, sem nenhuma Humanidade, são monstruosos demais para estarem neste tipo de jogo; ou seja, explorar os aspectos sombrios da mente tem limites.
- Pontos de Sangue: único aspecto da planilha da personagem que deve ser decidido nos dados. É o que indica a "energia", a força vital do vampiro. O antônimo de Humanidade.

O Prelúdio é a última parte da criação da personagem de *Vampiro*. Tem por objetivo estabelecer um passado para as personagens, uma biografia antes que a partida comece, uma fonte inesgotável de consulta para o jogador, porque ali estão os antecedentes das personagens. A idéia é se concentrar em eventos que afetarão a vida das personagens no futuro. Perguntas sugeridas pelo Livro de Regras para o narrador e o jogador responderem juntos na confecção do prelúdio:

> Qual é a idade da personagem? A resposta a esta pergunta implica um detalhamento essencial para um morto-vivo. Quantos anos tinha quando "morreu"? Em que ano nasceu? Quantos anos se passaram desde o "Abraço"? Qual é sua idade aparente? O que foi especial em sua infância? Que tipo de pessoa a personagem era? O jogador já começa a sofrer porque esta pergunta diz respeito a todo o ambiente e vida como mortal que a personagem perdeu. Quando encontrou um vampiro pela primeira vez? Os antecedentes do "Abraço" informam sobre o acontecimento, mas também sobre os vampiros. É um bom momento para o narrador e o jogador familiarizarem-se com o "mundo" do jogo.

E por aí vai, num detalhamento de fazer inveja a qualquer bom roteirista de TV.

O Livro de Regras dá grande importância à confecção do prelúdio — como são chamados os "antecedentes" — de cada personagem e explora bastante as possíveis maneiras de o narrador estimular o jogador a desenvolvê-lo.

Fator importante ressaltado no capítulo Sistemas é a parte intitulada "Evolução da Personagem" onde está a não-estagnação da personagem visto que de acordo com seu desenvolvimento através da crônica, ela vai ganhando pontos de experiência que servem como manutenção de suas características. A respeito das habilidades, a personagem pode ter especializações de acordo com a quantidade de pontos acumulada em certa habilidade, possibilitando assim o seu aprimoramento*.

* No *Gurps*, a experiência está relacionada à atuação e interpretação do jogador. No *AD & D*, também são os jogadores que recebem os pontos de experiência. Ambos os jogos privilegiam a atuação dos jogadores na evolução das personagens.

O papel do mestre (narrador)

O terceiro capítulo ocupa-se de ensinar narração. O narrador (em outros jogos, o mestre) é aquele que cria e conduz a história, permitindo que os jogadores "a completem vivendo os papéis de suas personagens principais". É narrador e árbitro em relação às regras, porque tem de decidir, por exemplo, como os opositores irão reagir às personagens. É também aquele que faz o papel de todas as personagens da história que não são personificadas por jogadores, quem descreve o cenário, quem acompanha o desenrolar da história para impedir que o interesse na trama se desfaça. Ao mesmo tempo, o narrador também é comparado a um *showman* que precisa conhecer os jogadores, suas motivações, impedir que as características pessoais de cada um impeçam o desenvolvimento não competitivo da partida e garantir que todos se divirtam. Como isto é garantido?

> Certifique-se de que saberá quando e onde tudo irá acontecer, quem está aonde e em que momento, e assim por diante. Estude os principais oponentes, suas personalidades e motivações, e assegure-se de que poderá apresentá-los de forma convincente aos jogadores.
>
> O Narrador precisa ter certeza de que os fatores ligados ao jogo não irão quebrar o ritmo ou interferir nos elementos da história. A Narração é sempre um equilíbrio perpétuo entre jogo e história (op. cit., p. 60).

É preciso manter o equilíbrio entre história e jogo, mas o narrador deve, de forma quase onisciente, prever, segundo está escrito, fatores decisivos na trama. Quase onisciente. O narrador não pode prever ações e falas das personagens, já que está num contexto de jogo e depende do que os outros jogadores fazem ou falam. Isto fica mais claro na definição dos "arquétipos" de narrador:

> O Conservador ... insite em rolar dados para tudo, e aplica as regras ao pé da letra até as últimas conseqüências. O mundo que ... evoca é consistente em si mesmo e os jogadores irão se sentir como se suas personagens tivessem poder para mudar o mundo.

No outro lado ... está o Liberal. Para este tipo de Narrador, a história é tudo. Os dados são rolados apenas ocasionalmente ... o Narrador costuma decidir exatamente o que irá acontecer sem usar os dados, e acompanha os jogadores à medida que criam a trama. *As ações das personagens podem dirigir a história, mas é o Narrador quem decide os resultados dessas ações**. *Vampiro* tende a ser mais Liberal do que Conservador. As regras estão aqui para ajudar, não para governar — o segredo consiste na liberdade de ação. Os jogadores ... *jamais* devem sentir que suas atitudes e decisões não fazem diferença" (op. cit., p. 60).

O Livro de Regras propõe que o narrador preveja como a Crônica começa, se desenvolve e termina, mas, ao mesmo tempo, assume não ser possível o controle completo sobre a forma que a história irá assumir por causa da interatividade exercida pelos jogadores.

A sugestão é a de que o narrador crie conflitos e deixe os jogadores resolverem. A história não deve ser planejada em excesso, mas o narrador deve estar atento ao rumo que está sendo seguido para preparar as sessões seguintes. Ao narrador que tem dificuldades quanto a arranjar idéias, é sugerido que procure nas páginas dos jornais, altere e molde o que aparecer, até que as manchetes se enquadrem ao "mundo das trevas".

O Capítulo 6 — Crônica — ensina ao narrador — o mestre da partida — a construir uma crônica para seus jogadores. Como?

- planejando-a antes de os jogadores criarem as personagens. Imaginando o cenário, os antagonistas e os temas centrais;
- durante a criação das personagens pelos jogadores, definir o tema da crônica, a cidade em que ela se desenvolve, quais as relações das personagens entre si e o que as motiva, as motivações e poderes dos antagonistas, o esquema progressivo dos acontecimentos, o momento em que a crônica começa, o estilo que irá adotar como narrador e o título da crônica.

* O grifo é meu e logo ficará clara sua importância.

É duro o trabalho do narrador neste jogo. Todos estes passos exigem pesquisa e o Livro de Regras indica isto e vários "macetes" narrativos para facilitar a tomada de decisões por meio de perguntas que vão esclarecendo as possibilidades na montagem de um enredo. Comprar um guia de Turismo da cidade escolhida para cenário, escrever para a secretaria de turismo, escalar para personagem incidental um estranho mendigo bêbado e sábio, criar um clima de desavença na hierarquia vampírica. Os conselhos voltados para a relação entre as personagens dos jogadores enfatizam a preocupação para que o jogo não saia dos limites da humanização:

> Peça aos jogadores que decidam como suas personagens irão se relacionar umas com as outras e que papel cada um deles desempenhará no grupo. Faça com que ao menos um dos jogadores com habilidades de liderança represente uma personagem que seja líder. Se você tiver algum jogador com tendências a perturbar o grupo, direcione-o com gentileza para personagens que compartilhem fervorosamente os mesmos objetivos que a prole. Se seus jogadores são anarquistas incorrigíveis, selecione um conceito de crônica que lhes conceda aliados fortes e poderosos, que lhes proporcione responsabilidades significativas, ou que lhes permita ser exatamente o que querem ser: anarquistas rebelando-se contra o sistema" (op. cit., p. 106).

O narrador deve prever, desde o início, no seu esquema, qual o rumo das personagens, qual o começo, meio e fim da crônica, quais as mudanças de ritmo, clima e conteúdo que podem e devem ocorrer.

As aventuras devem levar em conta os caminhos da *diablerie*, quando o grupo se une na tarefa de localizar e beber o sangue de seus Anciões para avançar dentro dos padrões vampíricos. Neste caso, o narrador é aconselhado a não preparar uma história de simples caçada e assassinato, e sim levar as personagens a investigarem e escolherem seus alvos, realizando a tarefa com "classe e astúcia".

Vampiro, em seu Módulo Básico, apresenta em duzentas e setenta páginas todo o modo de produção de narrativa em grupos de RPG, ambientada num mundo de terror criado especialmente para este fim. Comparar o modo de produção proposto por Mark Rein•Hagen com o do *AD & D* e do *Gurps* é uma forma de mensurar a evolução do *Roleplaying Game* norte-americano nos últimos vinte anos. Vamos agora examinar de perto seus limites.

Competência, inovação e atrevimento de um produto cultural

A Inglaterra da dinastia Tudor e especialmente do reinado de Elizabeth I (1558-1603) forneceu ao mundo grandes exemplos de como iniciar a conquista de um caminho próprio. Inventou a pirataria de Estado, os famosos corsários da rainha, saqueadores dos galeões de metais preciosos que países ibéricos extorquiam dos nativos sul-americanos. Premiados com o título de *sir* conforme o butim.

Elizabeth I estimulou também o teatro, notadamente o de Shakespeare, que se apropriava das histórias correntes e as transformava em enredos geniais.

No período elizabetano, se mobilizou todos os recursos disponíveis à nobreza e à incipiente burguesia, de forma a acumular meios para seus sucessores construírem a primeira potência capitalista do mundo.

Em pouco mais de duas décadas, o RPG americano conseguiu evoluir por meio da competência, originalidade e "pilhagem" narrativa do *AD & D* ao *Vampiro*. É uma trajetória em direção ao mercado, à ampliação da recepção do RPG.

Mais literário e menos envolvido em combates, o jogo pode atrair o público feminino. Jogadores que passaram a adolescência envolvidos no *Game* podem se manter em atividade na idade adulta. De passatempo de "tribo" a jogo de salão.

Como se dá a competência neste jogo, o *Vampiro*, que surgiu nos Estados Unidos em 1992? Pegue-se o exemplo do "Prelúdio", abertura do Módulo Básico. Esta peça ficcional lida com um dado fundamental na adolescência que, infeliz ou felizmente, a idade adulta trata de sufocar: o romantismo desvairado do amor cortês, capaz de tudo pela amada, sem, necessariamente, receber em troca o amor carnal. Numa idade em que as paixões são muito mais numerosas do que sua realização concreta, a traição à própria origem, aos seus pares, por um grande amor, faz do vampiro anônimo um herói para o leitor juvenil. O vampiro, tal como Romeu, é capaz de correr qualquer risco por uma mulher.

O vampiro arrisca-se por amor, é poderoso como algoz sobrenatural, mas se ressente da desumanidade de seu papel, é consciente da atração, do prazer intenso e do perigo que exerce sobre ele o objeto de desejo — o sangue —, comparando-o com uma droga que leva à loucura. É um ser que luta para se manter humano, apesar de ter sido arrastado involuntariamente por outro ser para a podridão, para o risco, para o mal.

Esse vampiro é perfeito para a recepção juvenil que o livro pretende. Forte na sua audácia e frágil em seu sofrimento. Sem responsabilidade na origem do problema. Lutando para não sucumbir e assumindo que é muito, muito prazeroso ser arrastado. Lúcido em identificar o mal, moralista na medida certa, já que admite que o desejo traz o prazer, mas se não for bem administrado pode destruir. Contundente na crítica às incoerências e maldades da sociedade normal.

Tirando a sede pelo sangue mesmo, literal, retirado da jugular ou da carótida, quem na adolescência não viveu a contradição entre o desejo, o medo e a culpa na mesma intensidade? Quem não viveu o sentir-se arrastado pelos outros — não que os outros fossem vampiros, apenas amigos(as), namorados(as), circunstâncias — para as áreas de risco, sem saber se teria forças para voltar ou se, pior ainda, teria desejo de voltar? Só não viveram esse sofrimento os privilegiados, os que foram poupados dos riscos da idade. Ou ainda os que foram abençoados pela posterior amnésia a respeito de tais eventos.

Criar narrativas a partir destas premissas pode ser atraente também para os adultos capazes de lembrar, com ou sem nostalgia, essas dores.

A estratégia de estabelecer rapidamente todo o espaço do mundo vampírico numa carta de amor permite, além de conquistar a simpatia da recepção, a compreensão do mundo em que se vai jogar em onze páginas, um admirável exercício de síntese para um jogo de RPG.

O terceiro texto introdutório ao mundo dos vampiros — o que descreve um vampiro atacando um mortal do ponto de vista do objeto do desejo — merece ser analisado aos "pedaços", daí os grifos no início do capítulo. Pode parecer a alguém desavisado estar diante de uma relação sexual meio, digamos assim, violenta. Um encontro amoroso. Perigoso. Tenso. Homem ou mulher no papel de presa de alguém que a mente rejeita, mas o corpo se sente atraído. Violência com consentimento. Orgasmo com dor. A morte e a união do êxtase sexual. Mas não se está diante de um texto de Anne Rice explorando ficcionalmente fantasias sexuais. A idéia é clara: alguém na posição de ataque, outro na posição de vítima. Pode ser um estupro. Pode ser sexo sadomasoquista.

As sensações são de cunho sexual, o atacante é o desejo do atacado. No trecho citado é dito: "Sou conduzido." O par é composto por indivíduos do mesmo sexo. Um homem sendo atacado por outro. Seduzido, ele não tem culpa. E goza com isto.

Três referências apenas, curtas, no texto esclarecem que esse frenesi erótico tem relação com o tema "vampiro": as presas que perfuram o pescoço da vítima, a sucção do seu sangue e o oferecimento do sangue do próprio algoz para que a vítima não morra de vez. Como foi já dito, erotismo homossexual masculino, podendo ser lido por quem preferir fantasiar sobre pescoços e sedução sem ternura de outra forma. Vampiros também "abraçam" mulheres.

Em dezenove páginas está descrito o universo do jogo. Espaço, qualquer lugar do planeta, num mundo paralelo ao humano, mas caçando dentro deste. Tempo, de Caim até os nossos dias. Personagem principal, um ser que já foi humano, já foi mortal (portanto parecido com o jogador), e por circunstâncias alheias a sua vontade, decaiu e vagueia angustiado, ameaçado pela tentação, por um lado, e, por outro, preso ainda à inocência perdida (qualquer semelhança com a angústia juvenil não é mera coincidência).

A Crônica vampírica é uma narrativa romanesca, e o que o Livro de Regras define como história — sangue e nervos das crônicas — é o que os estudiosos da narrativa definem como enredo. É tão clara a influência de estudos literários no "Vampiro" que provoca a curiosidade se os autores deliberadamente atribuem nomes "novos" a velhos conceitos só para marcarem de forma original seu produto.

A forma como o Módulo Básico trata a fabulação em grupo também "vende" com muita eficiência a originalidade do produto:

> Uma crônica compartilha muitas das características das séries de filmes ou de romances, mas pode ser ainda mais ampla e profunda. Ela pode

levar muitos anos (anos dos jogadores), por basear-se nas vidas de vampiros que são imortais (*Vampiro*, p. 107).

O público-alvo é seduzido com essa possibilidade. Ir além dos filmes e romances, com mais profundidade e prolongando o prazer de criar seu próprio enredo. O jovem jogador de RPG, mais do que se igualar, pode suplantar como narrador ou co-autor os criadores dessas obras. Interpretando um vampiro, será durante várias horas, por meses, talvez anos, um ser imortal.

Considerando-se que desde Gilgamesh a imortalidade física, enquanto ambição, tem perseguido o imaginário humano, é fácil concluir o quanto este tipo de abordagem é poderoso para os adolescentes que praticam o jogo.

É magnífica a maneira como "Vampiro" sintetiza os elementos da narrativa necessários ao jogo. Não existe outro adjetivo para aplaudir a idéia de sistematizar velhos conceitos de forma simples e democratizá-los para a produção de ficção por leigos coletivamente. É o *how to do* norte-americano com o tempero europeu de citações clássicas e angústias existencialistas.

Sem polêmicas sobre o que é história e o que é enredo — o que é uma lástima, porque esta é uma das discussões mais interessantes do ponto de vista da apropriação da narrativa alheia —, no capítulo da Crônica estão os ingredientes básicos para uma tarde de fabulação em grupo.

O "Vampiro" consegue ser claro e sucinto nos elementos que compõem seu mundo, o que democratiza de forma decisiva a possibilidade de se contar histórias a partir dele. Nas cinqüenta e oito páginas iniciais, o autor cria o mundo e oferece, já, mil alternativas de histórias. Enredos podem ser criados a partir de, por exemplo, transgressões às tradições vampíricas, conflitos entre clãs, caçadas contra dissidentes, defesas contra adversários.

Esta é uma diferença original entre o *Vampiro* e outros RPGs. A possibilidade de priorizar a atividade de contar histórias. Ao mesmo tempo, o Livro de Regras não exclui nenhum possível consumidor. O Capítulo 3 — o que trata das regras do jogo — discute alternativas para a hipótese de as regras e, especialmente, o resultado dos dados, dificultarem a trama. O Capítulo 9 propõe um elenco de ações, combates e testes, bem de acordo com o RPG tradicional. Tem-se um produto, portanto, que inova a partir de seus concorrentes, mas não destrói o melhor que a concorrência faz.

Desbasta o excesso, mantém o que é atraente e acrescenta, às vezes de forma muito simplista, os segredos de fabular. É a competência da indústria cultural em ação.

É preciso destacar o esforço feito por este RPG para simplificar ao máximo a linguagem típica do jogo e, ao mesmo tempo, manter regras essenciais para o que se pretende, a fabulação coletiva. A hipótese de interromper uma narrativa de ficção para decidir na sorte se as personagens percebem ou não o carro-patrulha seria insuportável para um ficcionista profissional, a menos que estivesse deliberadamente usando-a como estratégia de criação ou para distrair o tédio, quem sabe a falta de inspiração. O que parece um contrassenso para os profissionais que vivem da ficção é perfeito para jogadores que estão imaginando, brincando juntos.

O autor Mark Rein•Hagen segue a tradição literária que o antecede. O capítulo do Cenário cria um mundo a partir de mil pequenos pedaços da literatura, do mito, das religiões às quais teve acesso — repertório e alusões literárias — e o coloca como se verdadeiro fosse. É o real da ilusão.

Milhares de escritores fizeram isto antes dele, com maior ou menor competência. É um direito ficcional, inalienável, o da intertextualidade. Inclusive porque, ao escolher criar um mundo gótico, incorporou uma personagem principal, o vampiro, com forte carga literária em si, uma criação do Romantismo. Acrescentando o elemento *punk*, responde às inquietações da atual conjuntura histórica, o medo e a atração que o caos exerce neste momento sobre a juventude.

O que deve se questionar é se não seria o caso de identificar as fontes — tratando-se de um jogo de ficção destinada a não profissionais —, ou, pelo menos, comentar-lhe a existência.

É importante retomar aqui, a título de comparação, a trajetória de Monteiro Lobato, um defensor adiante de sua época da indústria cultural, do produto cultural de qualidade voltado para o mercado e reconhecido pelo mercado. Lobato criou um mundo com características bem específicas — o Sítio —, com personagens que detinham poderes mágicos e estabelecia uma relação de interatividade com outros mundos e personagens, míticos ou ficcionais. A postura de Lobato apresenta um diferencial importante em relação ao dos autores norte-americanos de RPG: Lobato assumia suas fontes, criticava seus limites, explicitava quais modificações estava fazendo e por que, num jogo "às claras" com o receptor, se é possível ser claro o suficiente na ficção e na recepção. O dialogismo com as obras alheias e com o leitor é uma das grandes marcas do criador do *Sítio*[3].

Outra discussão interessante é até que ponto vai a intertextualidade e onde começa a "pilhagem" narrativa. Em *Vampiro*, existe mais do que o diálogo com formas narrativas que o antecederam. Existe também a apropriação de conceitos, cenários, personagens e estratégias narrativas com o objetivo de aperfeiçoar e até inovar um produto cultural bem aceito pelo mercado.

Pilha-se para ampliar o número de consumidores, tática pré-capitalista bem-sucedida da dinastia Tudor aos nossos dias. A acumulação primitiva de capitais foi empreendida desta forma e, do ponto de vista da indústria cultural, só existe a telenovela brasileira fazendo sucesso no mundo inteiro graças à "pilhagem" combinada com a inovação. Do folhetim francês, passando por *O direito de nascer*, um grande caminho foi percorrido, entre a apropriação e a criação.

A "pilhagem narrativa" empreendida pelo RPG merece aplausos, apesar de serem aplausos meio escandalizados pelo atrevimento. Atribuída à tradição oral dos vampiros, talvez ao próprio Caim, as "leis" das Tradições guardam ecos dos Mandamentos de Moisés e das Tábuas da Lei romanas. Para criar um mundo, escritores precisam, é evidente, estabelecer, também, as leis que o governam, as personagens que o habitam, a linguagem usada. Tolkien fez isto; antes dele, Virgílio, atualmente os criadores de ficção científica também o fazem. O detalhe significativo do *Vampiro* é como se toma abertamente fontes históricas e míticas sem citá-las, como é o caso da Lei de Talião que faz o desdobramento da Sexta Tradição, a caçada de sangue.

Quanto a denominar o território neutro dos vampiros por Elísios é interessante recordar que, para a doutrina órfico-pitagórica, utilizada por Virgílio na epopéia latina *A Eneida*, Elísios é o nome dos campos dos bem-aventurados, aqueles espíritos que, absolvidos pela Assembléia dos Silenciosos, repousam ali antes de reencarnar. Também Virgílio não declarou suas fontes ao compor o espaço do Hades, o que leva o leitor incauto — o não conhecedor da mitologia e do pensamento greco-romano da época — a acreditar que tal visão do Reino dos Mortos é "original". O leitor mais inocente ainda é capaz até de acreditar que o Inferno é realmente assim. Sempre é bom lembrar que a visão difundida por Virgílio foi retomada por Dante

Alighieri e, mais tarde, pelos kardecistas, e até recentemente podemos encontrar parte de seus elementos em telenovelas como *A viagem*, de Ivanir Ribeiro. É provável que milhões de pessoas não tenham outras imagens arquivadas em suas mentes sobre o "cenário" que as espera após a morte do que as difundidas a partir das doutrinas órfico-pitagórica e estóicas que inspiraram Virgílio.

O fato do termo *Jyhad* ser usado desde a Idade Média para denominar um dos princípios da religião muçulmana, a guerra aos infiéis, não é citado. Por falta de cuidado editorial ou o que quer que seja, a questão é que muitos jovens podem acreditar que é um termo vampírico, ou, o que é pior, que Mark Rein•Hagen o inventou.

Apesar de definir o universo vampírico como principalmente urbano, o Livro de Regras não perde a oportunidade de abrir a oportunidade de concorrer com sistemas genéricos em termos de espaço e tempo:

> Você pode jogar *Vampiro* em muitos outros períodos além do presente. Qualquer período, desde o antigo Egito até a era vitoriana, pode tornar-se fascinante quando você acrescenta o mito dos vampiros. Escolha qualquer período da história e estabeleça nele sua crônica (idem, p. 108).

No final do item que discorre sobre os tipos de crônicas, há de novo a tentativa de fazer um RPG não-genérico funcionar como tal. É sugerido ao narrador que teça sua crônica num cenário fictício, como os mundos de Lovecraft, Edgar Allan Poe ou a Terra Média de J. R. R. Tolkien. O único senão desta "liberdade" de atuação é que existem RPGs anteriores ao *Vampiro* que são ambientados exatamente nos mundos de Lovecraft e Tolkien. São eles o *Call of Cthulu* e o *Merp*. Não são ao menos citados, o que permite a suspeita de que a "pilhagem narrativa" no RPG não reconhece fronteiras.

No capítulo de Crônica, no item "Criando uma história" estão citadas apenas duas obras para servirem de exemplo de clima: os filmes *Casablanca* e *Relíquia macabra*. Este é um detalhe interessante da composição do *Vampiro*. O livro é recheado de citações* de poesia, literatura, ensaios, música *pop*, nas entradas de capítulos ou subcapítulos. Estas citações de abertura não têm

---

* Ver nota 1 deste capítulo.

indicação do que é livro, o que é poesia, o que é música. Na última página, existe uma lista de fontes de inspiração — muito menor do que as citadas —, com o seguinte comentário do autor:

> Cada um de nós tira idéias e pensamentos de outros e os passa adiante. Podemos desenvolver a idéia, o conceito ou a semente, mas jamais poderemos requerer sua autoria. O que chamamos de criatividade é realmente evolução. A criatividade está em ocultar as fontes. Se uma idéia for alterada a ponto de ocultar sua fonte, ela será vista como de vanguarda. Fiz uma relação das pessoas e das obras que inspiraram a criação deste jogo. Estimule sua imaginação conhecendo essas fontes (ibidem, p. 269).

Ser vanguarda não é demonstrar a capacidade de alterar uma idéia a ponto de ocultar sua fonte. Por mais divergências que o termo "vanguarda" possa suscitar, existe a clara relação entre a palavra e o sentido de estar adiante, à frente do seu tempo, de seus pares, do que é colocado pela maioria. Dialogar com obras de outros autores, de outras épocas, outras mídias é característica intrínseca de um jogo coletivo, instantâneo e oral como o RPG. O Livro de Regras não é o jogo, é um livro que ensina a produzir narrativas orais. Defender, neste contexto, a "pilhagem" e o ocultamento de fontes como "vanguarda" é desnecessário. Não existe também necessidade de defender criatividade como sinônimo de evolução apenas.

O Livro de Regras é uma demonstração de que o autor de *Vampiro*, talvez juntamente com os co-autores, possui uma grande imersão nas culturas erudita e popular. Dispensando exemplos narrativos das duas culturas e oferecendo uma infinidade de alternativas de tramas, histórias, climas, dramas, personagens ocultando as fontes, fica difícil delimitar o que é inovação (ou evolução, como pretende o autor) e o que é "pilhagem". Ao ocultar fontes, corre-se o risco de transformar o *Vampiro* na única.

Um limite importante na composição de *Vampiro* diz respeito à conceituação do "espírito" do jogo. As personagens vampiras são comparadas aos heróis das tragédias de Ésquilo e Shakespeare e a expectativa do jogo — que deve ser também a dos jogadores, segundo o livro — é que eles se comportam como tal, incomuns e condenados desde o início por sua própria condição:

> A justiça somente é alcançada se o bem sobrepujar o mal — os monstros precisam perder. Portanto, para que as personagens vampiras encontrem alguma forma de "vencer", precisam ... derrotar o monstro interno reprimindo-se, nutrindo os impulsos da virtude humana e demonstrando coragem genuína. Algumas vezes a tragédia da Morte Final é a única esperança de fuga heróica para um vampiro (op. cit., p. 25).

Apesar da intenção de vincular os vampiros deste RPG com a tragédia, com o arquétipo do mal trágico, o parentesco é maior com o conto maravilhoso, onde o bem, via de regra, sobrepuja o mal.

A piedade e o horror que a tragédia desperta na platéia — e que o livro também cita — é desencadeada a partir da compreensão de que o herói trágico não tem a menor chance de evitar o final, pois age sempre além da medida humana, é dominado pelo descomedimento que o faz infringir as leis dos deuses ou as leis da pólis. Aquiles, Édipo, Antígona não são bons ou maus. Não conseguem é evitar seguir seus desejos, suas decisões, suas visões particulares a respeito do significado da vitória ou da justiça. Para Aquiles, a disputa de uma escrava com Agamenon era mais importante do que a quase derrota dos gregos pelos troianos. Ele volta para a batalha não por uma questão de autocrítica — noção, aliás, de sentido ignorado por heróis épicos ou trágicos —, e sim para se vingar de Heitor, por causa da morte de Pátroclo. Édipo sacrifica Jocasta e quase toda sua descendência no afã de descobrir a verdade sobre a peste que se abate sobre Tebas e sobre o mistério de seu próprio nascimento. Antígona — não obstante os conselhos "sensatos" de sua medrosa irmã Ismene — morre por se insurgir contra o Estado ao decidir cumprir a lei do sangue. Nunca um herói trágico tentou sobrepujar algum "monstro" interno. Ao contrário, toda tragédia é fruto da incapacidade dos heróis em abrirem mão do seu pior e do seu melhor.

Heróis que lutam contra seu lado sombrio, que sacrificam seus desejos a objetivos mais nobres são os das lendas medievais, dos romances de cavalaria, do conto maravilhoso. São, portanto, heróis que seguem a ética cristã e não o paganismo da epopéia, onde deuses antropomórficos disputam presas com os humanos e os sacrificam aos seus caprichos. Não são também os da tragédia, onde o humano se digladia contra a pólis.

O próprio Livro de Regras reconhece esta limitação do herói trágico quando, no meio de exemplos de "Arquétipos de Histórias", discute a tragédia:

> A idéia básica da tragédia é que não importa o que o protagonista faça, jamais há como impedir o desfecho trágico — o herói está amaldiçoado. Seja um Édipo destinado a matar o pai e se casar com a mãe, ou um Rei Lear assassinado por seu próprio orgulho, a personagem principal é o que é e nada pode mudar seu destino. Em *Vampiro* as personagens têm mais liberdade do que essas figuras da literatura; porém, o fato em si da existência dos vampiros deixa-os vulneráveis a ataques de fúria destrutiva (op. cit., p. 120).

É improvável que, na recepção ao Livro de Regras, os jogadores percebam a contradição do texto de atribuir um caráter trágico ao fato de um mortal se tornar vampiro e, ao mesmo tempo, a necessidade de resistir a esta fatalidade. Aliás, nem tão fatalidade assim, porque o jogo prevê histórias de redenção. É como se a tragédia fosse um elemento atraente, porém incômodo, porque se choca com o conceito de sucesso final, de esperança em resistir ao infortúnio.

A nacionalidade de origem do RPG talvez explique este tipo de mistura entre o trágico e o maravilhoso. É bom lembrar que a própria Declaração de Independência dos Estados Unidos estabelece como princípio — incorporado, posteriormente, à Constituição norte-americana — o direito à felicidade como objetivo permanente a ser conquistado pelo cidadão e, portanto, pelo indivíduo.

Outro problema* é a definição de tragédia se confundir com a de erro grave que não necessariamente conduz à aporia trágica, à falta de saída. O trecho seguinte demonstra esta confusão:

---

* Conseqüência da prática da indústria cultural de apropriar-se de conceitos de forma superficial.

> O segredo de usar a tragédia numa história é descobrir uma forma de fazer a natureza intrínseca das personagens agir contra elas. Se uma personagem perder o controle num momento inoportuno, como ao visitar o Príncipe ou enquanto estiver cercada pela polícia, as personagens terão de passar o resto da história tentando remediar esse erro (op. cit., p. 120).

Imagine a seguinte situação: um irmão dado como morto retorna à casa de seus pais. Todos se alegram e, para mostrar a confiança nele, o mandam para uma reunião importante com um vizinho poderoso. Ele chega até lá, conquista a mulher do anfitrião e retorna para a casa da família com sua conquista. Existe tragédia nesta história? Nenhuma. No entanto, até aí, é a história que rendeu a *Ilíada*, a *Odisséia*, *Hécuba*, *As troianas*, e inúmeras versões e adaptações posteriores.

Suponha-se que o irmão mais velho o recrimine e mande-o embora, viver em outro lugar com a amante. Quando o vizinho vem reclamar, o irmão e os pais explicam pacientemente o que aconteceu, pedem desculpas pela traição, renegam os infiéis. E a tragédia? Também não existe.

É possível outra hipótese. O vizinho traído não aceita as desculpas. Duas alternativas. Continua procurando pelos dois, mata-os quando os encontrar ou, no máximo, não aceita as desculpas e, confundindo o portador com as más notícias, mata os parentes adultos do infame.

A história da família permanece não trágica, a falta de saída está com o marido que, nos nossos dias, corre o risco de ir para a cadeia e sofrer alguns anos de punição pelo homicídio ou, em alguns lugares nos Estados Unidos, pegar a pena de morte pelo crime. É um erro matar — na nossa cultura —, é um erro desejar a mulher do próximo. É triste morrer por causa de erros alheios, mas isto em si não é trágico.

Trágico é uma família inteira ser exterminada porque não consegue conter (ou eliminar) um dos seus membros, mesmo tendo certeza de que ele será a causa da total destruição de ascendentes e descendentes. Trágico é não conseguir evitar os limites que as circunstâncias colocam. Trágico é não saber voltar atrás, não conseguir abrir mão de qualidades e defeitos e acabar, assim, por cumprir o inexorável destino. Errar não é trágico, mesmo que para isto tenha de se passar toda uma história remediando o erro. Morrer não é trágico, é condição inevitável da existência.

Não é só no "espírito" do jogo que *Vampiro* simplifica e embaralha conceitos. Outras simplificações chamam atenção: catarse, suspense, "gancho", arquétipo. É claro que existem muitas maneiras diferentes de se definir um conceito, caso contrário os estudiosos de literatura não precisariam estar há vinte e quatro séculos escrevendo milhões de páginas sobre, por exemplo, o significado de mimeses. No entanto, ao simplificar demais certas idéias, corre-se o risco de empobrecê-los, como ocorre na seguinte definição:

> Catarse — Nossas vidas costumam ser altamente estressantes, e todo mundo precisa de algum tipo de escape. A Narração às vezes pode provir uma experiência catártica intensa, sem igual em qualquer outra forma de entretenimento (op. cit., p. 62).

Mais do que um empobrecimento, definida a catarse dessa forma esvazia-se a empatia provocada pelo reconhecimento e pela identificação em outros tipos de interação com a narrativa[4]. Assim sendo, se privilegia, acima de tudo, a participação de corpo presente que ocorre no RPG, esquecendo-se que um espectador de teatro ou um leitor pode detestar atividades interativas e obter experiências catárticas tão ou mais intensas do que um narrador, de qualquer tipo.

Vampiro utiliza bastante a palavra arquétipo. No Capítulo 6, esta utilização é assim explicada:

> Os Arquétipos ... descrevem os papéis eternos que constituem uma característica coletiva de nossas identidades e que todos compartilhamos. O psicólogo Carl Jung inventou o conceito de Arquétipos como uma forma de descrever os conceitos primitivos residentes no inconsciente coletivo da Humanidade. Jung nunca tentou conferir-lhe nomes, à medida que acreditava não haver como descrever com palavras esses símbolos universais. Contudo, para incorporar os conceitos junguianos a "Vampiro", fizemos exatamente isto — portanto considere o que dissermos como pitadas de sal ... Os Arquétipos não abrangem apenas personalidades, mas também lugares e coisas. Eles são uma forma de o Narrador fazer os jogadores compreenderem as personagens e os cenários, e relacioná-los com suas próprias vidas ... são os moldes para um

número infinito de personalidades diferentes, e não devem ser vistos como padrões absolutos (op. cit., p. 140).

Arquétipos de personalidades, arquétipos de crônicas, de histórias. Moldes que servem de inspiração e baliza, mas podem ser modificados ou enriquecidos, ao gosto do jogador. Novamente, velhos conceitos redefinidos pelo autor, um produto da indústria cultural apropriando-se de tudo o que interessa na dimensão culta — inclusive na psicanálise junguiana — e estabelecendo uma releitura conforme seus interesses. No caso deste Livro de Regras, pelo menos na conceituação de arquétipo, a apropriação e a releitura são assumidas.

O que merece ser discutido é o quanto essa apropriação compromete, talvez definitivamente, a recepção. Uma situação semelhante à de uma criança que assista à "Sereiazinha" da Disney e que, mais tarde, ao ouvir ou ler *A pequena sereia* de Andersen, conclua indignada: "É mentira." Mentira de Andersen, quase que funcionando como segunda versão. Volta-se ao exemplo de Monteiro Lobato, à polêmica entre a Emília e o Capitão Gancho*. Afinal, mentem os livros tanto quanto os homens?

O problema da apropriação pouco precisa, sem exatidão, como a que é praticada em *Vampiro*, é o estímulo, a difusão da prática do "descuido". Calvino, com muita precisão e sensibilidade, alertava-nos para o perigo que isto representa para a palavra:

> Por que me vem a necessidade de defender valores que a muitos parecerão simplesmente óbvios? Creio que meu primeiro impulso decorra de uma hipersensibilidade ou alergia pessoal: a linguagem me parece sempre usada de modo aproximativo, casual, descuidado, e isto me causa intolerável repúdio. Que não vejam nessa reação minha um sinal de intolerância para com o próximo: sinto um repúdio ainda maior quando ouço a mim mesmo. Por isso procuro falar o mínimo possível, e se prefiro escrever é que, escrevendo, posso emendar cada frase tantas vezes quanto ache necessário para chegar, não digo a me sentir satisfeito com minhas palavras, mas pelo menos a eliminar as razões de insatisfação de

* Ver LOBATO, Monteiro. *O picapau amarelo*, p. 44.

> que me posso dar conta. A literatura é a Terra Prometida em que a linguagem se torna aquilo que na verdade deveria ser (Calvino, p. 72).

Explorando um pouco mais a questão da recepção, pode-se examinar alguns exemplos de temas para crônicas oferecidos pelo Livro de Regras:

> ... O que o amor deveria ou não ser? ... Todos podem sentir o amor, mesmo os mais depravados? ... O que cria as emoções de ódio e vingança? ... Como podem arruinar uma vida? ... Será que por tudo no universo estar num movimento contínuo a verdadeira estabilidade é impossível? ... A moralidade está sujeita a regras absolutas e imutáveis?... Qual é a tragédia da autoridade?*

É possível — sem preconceito contra definições passíveis da "desaprovação de professores de literatura" — encontrar o tema 2 em *A bela e a fera*, o 4 em *Romeu e Julieta*, o 7 em *Antígona*, para ficar apenas em uns poucos exemplos. Pode-se encontrá-los, também, em obras mais ou menos bem-acabadas da indústria cultural. O fato de, possivelmente, os receptores de RPG conhecerem pouco os meandros da narrativa culta limitaria a aplicação dos "ensinamentos" que o Livro de Regras propõe? É provável que a resposta seja afirmativa.

Existem limites também no interior do formato do RPG de *Vampiro*. Um Livro de Regras de RPG é, basicamente, um livro de produção de texto. Produção oral, coletiva, mas produção de textos ficcionais. Narrativas são seu objetivo. Para praticar a "pedagogia" da narrativa, cada um tem o direito, é claro, de sugerir o caminho que lhe parece mais claro, mais simples, mais didático.

Três fatores limitam, objetivamente, a criação ficcional coletiva e, especificamente, a utilização da narrativa "em gaveta" numa sessão de RPG.

A primeira, a falta de referências explícitas. Algumas sugestões ao narrador são difíceis na prática de serem concretizadas. Por algum motivo, o autor do RPG em questão não gosta de exemplos a partir das fontes. O *flashback*, a história paralela, os segredos remetem para o parentesco com o folhe-

* Ver *Vampiro*, p. 112.

tim. Como sugeri-los a um narrador iniciante sem utilizar exemplos de obras conhecidas do receptor ou sem indicar obras que deveriam passar a ser? De novo, a diferença em relação a Lobato que citava (ao mesmo tempo em que criticava ou modificava o que bem entendia) obras e autores no conjunto de seus livros, independentemente de as fontes estarem no mito, no folclore, no cinema. E Lobato foi o pioneiro da indústria cultural em sua época, no Brasil.

Exemplos dos tipos de técnicas narrativas citadas fazem muita falta no RPG em geral e no *Vampiro* especificamente. Talvez isto se deva à postura que Mark Rein•Hagen defende, mesmo demonstrando ser um apreciador de literatura:

> Pergunta — Você acha que é importante para os mestres procurarem maior contato com a literatura, o cinema e o teatro?
> Mark — Eu não acho que seja necessário. Obviamente, as crianças da Polinésia e das ilhas do Pacífico fazem essas representações, esses jogos, como nós fazíamos em criança, mas acho que qualquer mestre tem que ser informado por fontes da imaginação ou por informações que ele recebeu *a priori*, e aí sua história será melhor. Qualquer mestre que tenha a oportunidade de se informar sobre outras histórias e não o fizer estará perdendo. Eu acho que é vital. Se você quer crescer como contador de histórias ou como mestre, você tem que consumir o máximo possível de mídia.*

A posição do autor é contraditória. Ligado à cultura *pop*, ele pretende que se as crianças da Polinésia inventam histórias sem referências literárias, isto prova que as referências não são necessárias. Leitor da tradição culta — seu livro é recheado de referências da mesma[5] —, admite que um mestre precisa consumir o máximo possível de mídia. Rein•Hagen assume, também, que sua entrada no mercado de RPG teve uma intenção deliberada de resgate da matriz narrativa e histórica:

---

* Entrevista em seminário na PUC-Rio, em 1994.

Pergunta — Seu livro pode ser dividido em duas partes: uma, mais literária, e outra, dedicada ao jogo. Esta divisão foi deliberada?
Mark — Eu posso dizer que foi uma coisa muito bem pensada e deliberada. Até *Vampiro*, os RPGs se fixavam mais nas regras do que em qualquer outra coisa. As regras eram o jogo, e o jogo sem regras não podia ser um jogo, ignorando o fato de que, até quando os RPGs surgiram, não se podia ter um jogo sem tabuleiro e sem peças. Também ignorava-se o fato de que o RPG, na verdade, não é um jogo e que toda metáfora do RPG é uma noção antiquada, baseada no fato de que o RPG moderno envolve um jogo. Ele, na verdade, é descendente do xadrez. Mas eu acho que o RPG pegou um caminho paralelo, um atalho, e agora está voltando à sua fonte original, que é a de contar histórias sobre os bardos míticos, que são os jogos infantis do faz-de-conta.

O autor e editor não quer abrir mão dos consumidores que apreciam os dados, as tabelas, os testes, mas quem quiser privilegiar o contar histórias encontra todas as condições em "Vampiro". Assim, tenta-se agradar aos dois setores do mercado e se consegue, o que é um mérito de Hagen como participante do "jogo" da indústria cultural.

No entanto, mantém o equívoco de não identificar que o fato de conseguir produzir um jogo como *Vampiro* e propor como imaginar histórias e estratégias literárias deve-se às suas próprias leituras de literatura. Rein •Hagen sabe, portanto, como se faz, de onde se tira a inspiração.

Uma criança ou adolescente narrando histórias só com o auxílio de sua imaginação, sem repertório ou iniciação, está fadada a propor enredos pobres. Tanto é necessária a iniciação que a indústria de entretenimento norte-americana inventou o RPG e a White Wolf (editora de Rein•Hagen) resgatou a matriz. Falta agora admiti-lo. Não admitindo, está, como produto cultural, renegando sua fonte de inspiração, a literatura, e fortalecendo a "epidemia" denunciada por Calvino que atinge, em nossos tempos, a humanidade...

> ... como um automatismo que tendesse a nivelar, a ... diluir os significados, a embotar os pontos expressivos, a extinguir toda centelha que crepite no encontro das palavras com novas circunstâncias.
>
> Não me interessa aqui indagar se as origens dessa epidemia devem ser pesquisadas na política, na ideologia, na uniformidade burocrática,

> na homogeneização dos *mass media* ou na difusão acadêmica de uma cultura média. O que me interessa são as possibilidades de salvação. A literatura (e talvez somente a literatura) pode criar os anticorpos que coíbam a expansão desse flagelo lingüístico (Calvino (a):72).

Não se trata de condenar um jogo de RPG dentro de uma perspectiva "apocalíptica" que tenha a literatura como sacrossanta bandeira[6]. Apenas é necessário apontar as contradições que comprometem, até certo ponto, a eficiência do produto *Vampiro*, surgido na esteira da renovação do RPG, exatamente por seu diálogo com a literatura.

A falta de intimidade com obras literárias talvez leve o jogador a não perceber que na proposta de *Vampiro* opta-se por primeiro criar o presente das personagens de forma esquemática e coletiva — por meio da planilha — e depois o passado, individualmente, o narrador com cada jogador. Neste caso, a planilha tem de ser justificada pelo passado que não existe ainda.

É o contrário do que acontece na vida e na ficção, porque se alguém é menino de rua e está dormindo debaixo de uma marquise com a carótida à disposição de um vampiro é no seu passado que estão as causas para que tal circunstância ocorra.

Na leitura da ficção, muitas vezes, primeiro somos apresentados, como leitores, às personagens para depois descobrirmos o que as levou a tal ou qual situação. É difícil imaginar, no entanto, que funcione bem fechar primeiro o presente para depois abrir o passado, na criação de personagens e situações ficcionais. Isto vale para a produção do texto oral ou escrito.

A segunda dificuldade é a "obrigação" de manter todos jogando, todos entretidos. Se fosse possível deixar algumas personagens na coxia, ou de "molho", enquanto um enredo se desenrola para depois juntá-las, ou então, se o mestre escondesse parte da narrativa de parte dos jogadores, teria sentido a história paralela proposta em "Vampiro". Como existe a preocupação igualitária, a tendência maior é ao enredo linear, com flashbacks controlados, apenas, pelo narrador/mestre, que tende a ser o mais onisciente possível, em que pese a interatividade. Em tal contexto, o *flashback* será utilizado, excepcionalmente, por jogadores muito criativos, orientados por um mestre bastante democrático. Para fugir deste padrão, os livros de regras teriam de:

- explicitar os tipos de narrativas possíveis de serem "pilhadas" e indicar mecanismos para fortalecer o papel do mestre como narrador e diretor de cena;
- o conjunto dos participantes precisaria ser mantido no desconhecimento do destino das personagens que interpretam;
- o mestre teria de combinar secretamente, com duplas de jogadores, intrigas e ações paralelas, para que os jogos de RPG pudessem exercitar o elemento mistério nas tramas, com a mesma eficiência do, por exemplo, folhetim.

Isto significaria diminuir deliberadamente a onisciência do narrador, fortalecer a interatividade e, por algum tempo, durante a partida, deixar parte dos jogadores/personagens fora de cena. Haveria de se incluir regras que tornassem esses acréscimos possíveis.

A terceira e última limitação identificada diz respeito ao próprio caráter de jogo. Um jogo é um jogo, as regras servem para caracterizá-lo como tal. Não é apenas contar histórias. Se regras que envolvem dados são necessárias para decidir, por exemplo, se vampiros percebem ou não um carro-patrulha, o objetivo do jogo não é, principalmente, contar histórias. Trata-se de um jogo que determinados autores, com muita inventividade, pesquisa e esforço colocaram no espaço da narrativa e do mito.

É verdade que o Livro de Regras abre espaço para que o narrador e os jogadores que preferirem a história deixem de lado as regras e os testes, mas não é possível abdicar de todas sob o risco de não se conseguir jogar.

Justiça seja feita, algum fator externo à narrativa precisa existir porque, no exemplo citado, o jogador/personagem interrogado pode usar seu melhor texto e o jogador/personagem interrogador se declarar não convencido apenas para não dar o braço a torcer. Na narrativa de autoria única é simples. O autor decide quem convenceu quem, seguindo seus desejos e a economia interna do que está criando. Mas e num enredo em que cinco ou seis pessoas são autoras? É claro que mestre e jogadores experientes podem "negociar" decisões respeitando a "planilha da personagem" de cada um, as soluções apresentadas, sem recorrer aos dados, mas algum tipo de árbitro é indispensável na "partida". Jogo é jogo. Não há como fugir deste limite.

Notas

1. É interessante notar como, consciente ou inconscientemente, o retorno é sempre às velhas histórias. Quem cai em torpor? A Bela Adormecida. A diferença é que o vampiro dorme e o mundo gira, enquanto no conto maravilhoso dormem os pais, os criados, o castelo. O vampiro desperta num mundo modificado e precisa adaptar-se à nova realidade. Além do tema — o torpor — existe uma grande semelhança entre a narrativa proposta pelo jogo e a desenvolvida pelo conto maravilhoso: a rapidez notada por Calvino que garante ao enredo apenas o essencial, sem prolongamentos que tornem mais lenta a trama. Prova disto é que não é informado se o Príncipe que despertou a Bela estranhou o vestuário ou a decoração do castelo, por ultrapassados, mesmo não tendo dormido cem anos.

2. Não existe, da minha parte, nenhuma intenção de menosprezar o "didatismo" da iniciação à gastronomia ou à produção de texto. Neófitos, precisam ser iniciados ao prazer, em qualquer esfera das atividades humanas que mereçam este rótulo. O que importa é a competência e a capacidade de divertir do mestre, daquele que inicia. Italo Calvino narra de sua iniciação à imaginação por meio de quadrinhos traduzidos — e mal traduzidos — do inglês. O professor Junito de Souza Brandão "traduzia" referência por referência da cultura greco-latina que impregnam a epopéia e a tragédia em longas e apaixonantes aulas expositivas, ricas em detalhes e nunca soube que algum aluno seu se ressentisse do excesso de didática. Não se defende aqui a obscuridade de linguagem que seria, inclusive, totalmente inadequada a um produto da indústria cultural com os objetivos do RPG.

3 Na obra *O picapau amarelo*, Lobato cria uma situação interessante a partir da morte acidental do marido de Branca de Neve. Morto o Príncipe, trata-se de transferir a residência da Princesa para outro lugar ou casá-la. Branca de Neve desmancha-se em lágrimas com a notícia da viuvez e com a proposta de casamento com o príncipe Condadade. Emília, *alter ego* do autor, liquida com os escrúpulos da princesa e com um dos limites do conto maravilhoso:

> — Boba! Aquele Príncipe gostava mais de veados e faisões do que de você. Além disso era um príncipe sem importância, dos que não têm história. Já o Condadade é de outro naipe — pertence às *Mil e uma noites*, coisa mil e duas vezes melhor. Eu, se fosse você, até pulava de contentamento (Lobato (a):51).

Cônjuges não têm história no conto maravilhoso por causa da "rapidez" com que o enredo se desenvolve e da linearidade. Como o diálogo de Lobato com o universo alheio é radical, tudo é passível de questionamento e de modificação, sendo identificadas rapidamente as discordâncias e inovações.

4. Catarse é um conceito sujeito a várias interpretações. Pode ser considerado a sublimação de um sentimento ou estado de espírito, o esgotamento de uma tensão, o tornar pleno possibilidades latentes. Segundo a concepção aristotélica, catarse está ligada ao sentimento de purgação dado pela empatia experimentada pelo espectador frente ao reconhecimento da situação do herói.

5. As citações no corpo do texto são, entre outras: Vaclav Havel, discurso perante o Congresso dos Estados Unidos; John Bunyan, *The pilgrim's progress*; C. G. Jung, sem citação da obra; Schopenhauer, sem citação de obra; Rudyard Kipling, *A lei da selva*; John Milton, *Paraíso perdido*; Lord Byron, *Childe Harold's pilgrimage*; Joseph Campbell, sem citação de obra; Platão, sem citação de obra; Shakespeare, *Assim é se lhe parece*; Lord Byron, *Don Juan*; Samuel Taylor Coleridge, *The rime of the ancient mariner.*

6. Calvino, inclusive, apresenta, em *Seis propostas para o próximo milênio*, um projeto de Pedagogia da Imaginação bastante eclético e abrangente onde não faltam inserções no domínio popular, como a astrologia, o tarô e o conto maravilhoso, ao lado da literatura culta.

➤ CAPÍTULO 7 ⮜

Roleplaying Game como produto da cultura de massa

Para descrever e discutir o *Roleplaying Game* como jogo e ficção produzidos para o mercado de consumo no final do século XX, é preciso, primeiramente, conceituar alguns elementos básicos.

Cultura de massa pressupõe economia de mercado, que permita o acesso de vários setores sociais a uma pluralidade de mercadorias materiais e de consumo imaginário. Pressupõe também a superação da dicotomia ou polarização entre cultura superior e cultura popular e se caracteriza pela integração de suas mensagens ao cotidiano social de forma inconsciente, independentemente da vontade das pessoas*.

A cultura de massa demanda um tipo de ajuste psicossocial, que é denominado pelo sociólogo norte-americano Davi Riesman como do tipo heterodirigido. Diferentemente do tipo psicossocial dirigido pela tradição (o indivíduo se adapta aos papéis que são previstos para ele) ou do autodirigido (característico de sociedades em expansão, onde o impulso individual de crescimento e poupança está relacionado com metas a serem atingidas), o heterodirigido é um tipo fruto da existência da sociedade de consumo e da cultura de massa. Para ele, a fonte de inspiração, de direção e de aprovação é o grupo social e os veículos de massa.

Esta definição foi adotada aqui pela sua pertinência em contextualizar o RPG, jogo inventado e produzido pela indústria cultural para um público predominantemente jovem e de classe média para cima, heterodirigido, portanto, por estar inserido no consumo e pela faixa etária. A contextualização é fundamental por quê:

---

* ADORNO et alli, *Teoria da cultura de massa*, p. 37.

> só através da conjunção de dois modelos analíticos, o contextual e o semiológico, alcançamos uma visão, ao mesmo tempo compreensiva e operacional de fenômenos da natureza da cultura de massa (Adorno et alli, p. 54).

O modelo clássico de cultura de massa é o de sociedade de tecnologia avançada e alto nível de consumo e, por motivos óbvios, não funciona para o Brasil. A oposição cultura de massa x cultura superior funciona, no país, só da classe média para cima, porque pobre só tem acesso à TV, tem acesso apenas à cultura de massa. Não tem sentido a oposição, para a imensa maioria da população.

A cultura de massa, para Luís Costa Lima* é o grande mito do século XX e, como todo mito, é constituída de concepção de mundo, ideologia e linguagem. A concepção de mundo pode ser menos variada do que na cultura superior/escolarizada, mas não é única. A ideologia é mais declarada, mais facilmente descoberta, do que nas obras da cultura superior. Quanto à linguagem, Costa Lima lembra a definição de E. Pound para arte: *make it new*, sendo que os produtos da cultura de massa seriam influenciados principalmente pelo *make it easy*. É necessário, no entanto, considerar que o novo procurado não é necessariamente o realizado e que fácil não significa antagonismo com o novo.

No estudo de fenômenos da cultura de massa, é importante que o estudioso não perca a dimensão contextual do fenômeno e, ao mesmo tempo, não se atenha a ela.

Cultura de massa. Literatura de massa. Leitura de entretenimento. Subliteratura. Narrativa trivial. John M. Ellis, citado por Terry Eagleton, já se referiu à semelhança entre a palavra "literatura" e a palavra "mato": não tem características específicas, mas é tudo que o jardineiro não quer em seu jardim**. Este comentário jocoso estaria mais adequado àquelas obras que, com certeza, os jardineiros da norma culta rejeitam em suas prateleiras apesar de, eventualmente, apreciá-las como passatempo.

---

* Op. cit., p. 61.

** Ver EAGLETON, Terry. *Teoria da literatura: uma introdução*, p. 10.

A tentativa de não trazer para este livro a discussão sobre literatura e arte é comprometida aqui, porque os termos que dizem respeito aos produtos culturais consumidos por milhões de pessoas, em várias mídias, se definem em contraposição, justamente, à literatura e à arte.

A literatura de massa tem sua produção e reconhecimento em função do mercado e, portanto, da indústria cultural, e o que a impulsiona é a necessidade de apaziguar, controlar ou exorcizar o medo. Seus significados são manifestos e a linguagem é a usada na comunicação corrente, o estilo sendo colocado em segundo plano*.

Estas características não configuram valores positivos ou negativos, não definem a qualidade da narrativa ficcional produzida. Trata-se, simplesmente, de limites ou fronteiras entre a literatura culta e a de massa, a primeira recebendo seu reconhecimento das instituições responsáveis pela "seriedade escolar", a segunda reconhecida pelo mercado.

A partir destas premissas — "seriedade escolar", significados manifestos, tomada de posição no confronto das oposições míticas, necessidade de exorcizar o medo — a contraposição entre Arte e Cultura de massa começa a ficar mais difusa. Nem sempre é possível garantir a qualidade da "seriedade escolar", e outras questões — principalmente a que diz respeito ao medo da morte e da perda de identidade — estão presentes tanto na literatura culta quanto na chamada literatura de massa.

Trata-se de analisar e se posicionar, quem sabe interferir no jogo-espetáculo da indústria cultural. Inclusive porque ele é inevitável, não existe mais a possibilidade de restringir as manifestações culturais a uma elite que se dedica a produzir e usufruir literatura culta.

A questão talvez seja descobrir como isto é feito na narrativa ficcional em questão. Com maior ou menor reflexão? Com maior ou menor maestria? Com dialogismo ou sem ele?

A cultura de massa vulgariza a ciência, a informação, a história, a política e, com o RPG, vulgariza o "como produzir" narrativa. Evitar a vulgarização é impossível, já que, até hoje, milhares de anos passados desde que o homem se colocou sobre a Terra, a maioria das pessoas jamais teria acesso a esses dados de outra forma.

---

*Ver SODRÉ, Muniz. *Teoria da literatura de massa*, p. 34.

Na leitura da literatura de massa, o texto é imposto ao leitor

> como um produto e como um jogo, cuja combinatória requer uma adesão pura e simples. Por isso, não é possível, como na literatura culta, colocar no mesmo plano autor e leitor, isto é, reconhecer à leitura um lugar no espaço da produção dos efeitos literários do texto ... Resta ao leitor entregar-se à habilidade do jogo, ao fascínio da intriga em sua constante armação de princípio, meio e fim ... o leitor é constituído pela literatura de massa como um sujeito — consumidor. O livro e suas personagens devem ser consumidos como uma cerveja ou um enlatado qualquer: usa-se logo, jogando fora depois a embalagem, porque o produto é quase perecível (Muniz Sodré (a):93).

Não existe leitura passiva a este ponto. Pelo menos com o grau de generalização que está acima colocado. Mesmo na literatura culta, autor e leitor não estão sempre no mesmo plano. O leitor pode, inclusive, não perceber a habilidade e o fascínio atribuído à literatura culta. Qualquer coisa, literatura também, pode ser consumida como um enlatado. Ou pode ser tão pouco palatável, tão pouco acessível, que impossibilite o consumo, o que talvez seja pior.

Muniz Sodré admite que alguns produtos da cultura de massa resistem ao tempo e se desdobram em outras mídias: emigram da literatura para o cinema, histórias em quadrinhos etc. O autor atribui esta capacidade à construção de heróis com grande carga mítica e a menor imposição esquemática de sentido.

Esta constatação, a de que a cultura de massa é capaz de produzir "tipos" tão bem acabados que atravessam séculos, torna mais difícil ainda definir com precisão o oposto da literatura de massa, que seria a literatura culta. Se uma e outra são capazes de criar mais do que tipos, símbolos, o que realmente as distingue? Qual a freqüência com que isto se dá? O reconhecimento que uma obtém e a outra não? A competência com que alguns autores da literatura de massa constroem tramas e heróis mais próximos do mito?

Umberto Eco procura distinguir literatura e literatura de massa a partir da noção de sistema, de interdependência dos elementos da narrativa, característica fundamental em uma, ausente na outra. Na obra puramente de ficção — eis aí o mesmo truque usado no segundo capítulo deste livro, chama-se tudo de ficção para assim não se resvalar para a polêmica estéril —, a personagem é um pretexto em torno do qual se desenvolvem as peripécias, mesmo quando se trata de um texto de prazer rico em imaginação e repleto de personagens, situações e sentimentos típicos. A personagem não é essencial e orgânica. Falta na obra puramente de ficção a condição de "sistema", onde todas as relações estão interligadas, personagens, ação, enredo, formando um modelo no qual o leitor se identifica como um todo, mesmo que não o perceba. As aventuras e as personagens da obra de ficção podem ser transferidas para épocas, lugares, papéis diferentes, sem que isto cause prejuízo à funcionalidade do enredo*.

Barthes nos fala do texto de prazer e do texto de fruição, sem valorizar um em detrimento do outro, mas admitindo que o de fruição trabalha principalmente com a linguagem. Muniz Sodré coloca que a literatura de massa tem sua produção e reconhecimento no mercado, e não nas instituições culturais. Eco estabelece a diferenciação a partir da noção de sistema, de interindependência e essencialidade dos vários elementos da narrativa.

Na verdade, a grande dificuldade na definição se dá em torno do fato inegável de que a cultura de massa produz narrativas de qualidade. Com apelo mítico, com competência narrativa, de forma prazerosa. Colocar todas as suas produções no mesmo leitor torna difícil identificar o principal que aparece na maioria das obras, que faz parte do que Kothe chama de narrativa trivial, típica da cultura de massa:

> Uma característica do trivial é o silogismo da estrutura profunda. O bandido é bandido; o mocinho é mocinho; a mocinha é mocinha; o mau é mau; o bom é bom; quem ama, ama; quem não ama, não ama; quem está predestinado, cumpre seu destino; quem está condenado, acaba condenado; quem deve ser premiado, acaba sendo premiado, e assim por diante. Cada um demonstra que é o que é, e ele é o que se supunha que fosse. Suas características mais profundas aparecem do modo claro, evidente e estereotipado desde o começo. Não há engano

* Ver ECO, Umberto. *Apocalípticos e integrados*, p. 231.

> possível. A essência corresponde à aparência, ciência e intuição tornam-se prescindíveis. Quando alguém tenta fingir-se bom sem ser, seu fingimento é tão fingido que qualquer um pode decifrá-lo (Kothe, p. 56).

Esta talvez seja uma definição mais clara do que espera o leitor na maioria das obras encontradas no mercado e referendadas por ele. E, mesmo assim, diz respeito, apenas, à maioria das obras, porque existem exceções inegáveis. O mesmo autor, ao definir o fundamento do trágico, acaba nos permitindo uma aproximação mais precisa da obra de arte, quer como texto de prazer, quer como texto de fruição:

> O fundamento do trágico não é, no entanto, apenas tomar a aparência pela essência — disto pode originar-se também o cômico ou o melodramático —, mas em um conflito entre normas antiéticas, em que o sujeito crê que pode ousar enfrentar o partido mais forte, e acaba sendo aniquilado. Seu aniquilamento é, contudo, uma vitória literária dos valores que ele representa. O trágico demonstra que não se brinca com o poder. Ele reforça o tabu do poder, o poder reverencial que o torna intangível, mas, ao mesmo tempo, questiona aqueles que o representam erradamente ... na tragédia, o mundo de aparências é decifrado pela palavra essencial do herói, quando já é tarde demais para ele, mas ainda suficientemente cedo para sua experiência ser transmitida para o coro e a cidade (Kothe, pp. 180 e 181).

Eis aí uma bela definição para a função social da Arte. E, mesmo assim, vai depender da recepção. Numa obra de ficção destinada ao consumo de massa, como é o caso da *Rainha Margot*, o leitor atento percebe que a ação de La Mole em não estender a mão ao carrasco pode significar um gesto de arrogância inútil com conseqüências funestas mais tarde, o que a narrativa confirma. Percebendo isto, perceberá também que não se brinca com o poder, e esta percepção estará sendo transmitida por um produto da cultura de massa e não por um poema hermético, o topo da arte para Kothe. Aprende com a ficção a platéia iniciada a ela, na Grécia clássica ou nos dias de hoje.

A narrativa trivial é reiterativa, trabalha com estereótipos, não aprofunda o que se considera bem e mal, cria milhares de variantes de superfície para o mesmo tipo de estrutura, reforça as expectativas da população média. Tende a ser conservadora pela reiteração de esquemas e porque as estruturas de poder permitem e apreciam a repetição que se inclina à confirmação do poder. Ao mesmo tempo, encontram-se exemplos na cultura de massa de crítica social, haja vista os folhetins de Eugène Sue.

Por outro lado, a literatura culta, a Arte — com A maiúsculo —, não é, necessariamente, crítica. Legitimava o poder com Sófocles e Ésquilo, antes deles com Homero, e continua, até hoje, rendendo vários e bons exemplos de obras que legitimam o poder, quer político-representativo, quer ditatorial, quer acadêmico.

> Um "texto", mesmo não-verbal, torna-se "discurso" não por suas qualidades internas, mas por uma decisão do poder para que ele seja divulgado, institucionalizado e consagrado. Ao contrário do que fazem supor a história, a literatura, a arte, a estética e a crítica, a instância decisiva para a canonização não é a qualidade intrínseca do texto, mas a conveniência ideológica do poder vigente (idem, p. 141).

É verdade. Isto vale também para o poder acadêmico, para os departamentos de letras que canonizam alguns textos e não outros. No que diz respeito à cultura de massa, existe um investimento empresarial para divulgar, institucionalizar, consagrar, determinadas obras. Em si, não significa — a decisão de investir na consagração — que a obra seja boa ou ruim. Hermética ou trivial. Significa que uma decisão foi tomada por quem detém o poder e vai exercê-lo com maior ou menor competência, com maior ou menor "capacidade de fogo". O Poder é Poder nas instâncias empresariais, governamentais e, repito, nas acadêmicas. Resta saber quais instâncias têm maior penetração social, por que exercem essa penetração e qual é a recepção a suas "orientações". O interesse pela ficção, a necessidade dela, é intrínseco ao ser humano. Como a comunidade humana, histórica, determinada, institucionaliza e consagra a ficção, depende de fatores que vão além da "qualidade" do texto.

O grande problema, na discussão sobre cultura de massa, é que não basta a certos setores da intelectualidade definirem sua essência e seus limites. Voltam os críticos sua artilharia contra os que consomem a cultura de massa, como se estes tivessem outra escolha, ou como se esse consumo representasse algum pecado original:

> O receptor quer receber a confirmação dos seus pré-conceitos e pré-juízos. Vegeta, ao invés de pensar. Recebe essa doutrinação como se fosse pura diversão. Cultiva a passividade, desiste de pensar. Sob a identificação com heróis positivos idealizados, cria o mergulho dionisíaco no inconsciente coletivo, sem levá-lo à conscientização e superação ... O público quer sempre a mesma história, disfarçada em outra ... Quer a adrenalina do perigo nas veias, tendo a certeza íntima de que não precisa derramar seu sangue ... As perguntas se acumulam, mas não são perguntas o que quer o receptor de narrativas góticas. Ele quer ter a sensação de perigo, sem ter de passar perigo algum; quer o prazer de caçar o caçador, sem tornar-se vítima da caçada. Ele não quer conhecer, mas esquecer; não quer reconhecer, e sim camuflar (ibidem, pp. 10-39).

Não é só o público médio desejando a mesma história. Todos querem histórias que nos falem do medo, da sobrevivência, da superação da adversidade, dos triunfos e derrotas frente ao poder, ao sofrimento, ao amor. Mesmo que alguns, por hipótese, não desejassem ler sobre esses temas, não conseguiriam. São os mesmos temas, num pequeno conjunto das mesmas histórias, desde o surgimento da escrita. Por que, então, acusar o público médio de mau gosto?

Depois de Aristóteles, Freud gastou páginas e mais páginas dissertando sobre a catarse. É claro que todos — não apenas os alienados consumidores da cultura de massa — querem ter a certeza de que podem viver a emoção, gótica ou não, sem terem de derramar o próprio sangue. O reconhecimento é diferente. Nem todos reconhecem verdades essenciais, ou beleza, na obra alheia. Mas isto vale também para a recepção culta. O reconhecimento depende do repertório, do horizonte de expectativa e leitura de quem lê. Além disto, a recepção da narrativa trivial pode ser extremamente criativa e a recepção da literatura culta pode ser repetidora. As duas coisas são possíveis. Se não fosse pelo risco de criar a impressão de estar brincando com uma atividade tão séria como a de redação de uma tese de doutorado, poder-se-ia listar aqui exemplos tragicômicos de leituras confirmadoras, passivas, de literatura culta em ambiente acadêmico.

Esta discussão é interessante porque, muitas vezes, a recepção é que é trivial, não a produção. Vejamos a *Ilíada*, um dos exemplos de Kothe para objeto artístico, por ser uma obra capaz de, por meio do elogio das proezas gregas, acabar por destacar o heroísmo dos vencidos troianos. Era uma obra popular na época em que foi produzida. Idem para Shakespeare, apreciado igualmente por reis, poetas — descontadas as inevitáveis rivalidades — e plebeus. Nada nos garante que os receptores da época percebessem a profundidade, a densidade, a antibanalidade de sua composição. Estes são dois exemplos de recepção de obras artísticas no momento de sua produção.

Na crítica à narrativa trivial está também embutido o desprezo elitista contra os que a consomem e a defesa do livro e da literatura como formas supremas de comunicação e cultura:

> A imagem animada e falada reduz, afirmam os escritores, cada vez mais a imaginação, pois na literatura o leitor tem de inventar quase tudo, a partir de estímulos verbais mínimos ... O videogame enquanto narrativa sugere que o texto literário está superado na prática social dominante (ibidem, pp. 40-246).

Em primeiro lugar, seria interessante descobrir em que escritores Kothe se baseia para afirmar que a imagem animada e falada reduz a imaginação. Neste caso, a afirmação realmente torna indispensáveis as fontes. Quanto ao videogame, esta modalidade narrativa não sugere que o livro esteja superado. Sugere apenas que muitas pessoas — em especial as mais jovens — gostam de brincar, prioritariamente. Nem ao menos sugere que essas pessoas não gostem de ler, é só observar os computadores nos centros de pesquisa e os jogos nas telas nos momentos de "pausa" dos cientistas. O que o autor coloca em seguida sobre o videogame merece destaque pela relação com o objeto deste livro, o RPG:

> O videogamista parece controlar o percurso da narrativa, ser o autor da história ... Ele parece aproximar-se do conceito de "obra-aberta" e da posição de um "leitor participante", que ajuda a construir ativamente a "obra"... Está-se, portanto, diante de uma obra em que a antiga distinção entre autor e leitor, ou seja, emissor e receptor, aparenta ter sido

> superada, para criar-se um novo fenômeno: o receptor que é seu próprio emissor, o emissor que é receptor. Ele recebe o que ele mesmo constrói, tem o destino em suas mãos, acaba colhendo o que ele próprio andou semeando ... Viajar parado é, assim, o modo mais cômodo de ficar onde já se está, de modificar tudo para não mudar nada, andar bastante para melhor ficar quieto. A narrativa trivial coroa assim, *por meio de técnicas semióticas cada vez mais sofisticadas e estruturas de superfície cada vez mais diversificadas, a difusão de uma estrutura profunda que é um constante retorno do mesmo*, doutrinando, pela identificação com o herói, todos na lógica da identidade, para que tudo fique substancialmente igual sob a aparência de uma acelerada modificação (op. cit., pp. 248 e 249).

O grifo é meu. "Técnicas semióticas mais sofisticadas" foram sempre uma necessidade da evolução humana. Desde a invenção da escrita. O "retorno do mesmo" é inevitável, se considerado em termos do retorno do mito. O que permite a modificação não é a narrativa, trivial ou hermética, e sim todo um contexto que o indivíduo, sozinho, não controla. "Técnicas semióticas sofisticadas e diversidade de estruturas de superfícies com uma estrutura igual" são danosas, em função de um contexto social alienante que condiciona a recepção alienada. Fosse outro o contexto, a recepção dessas obras seria completamente diferente, porque não são conhecidos casos de intelectuais apreciadores de produtos da cultura de massa que tenham sido pervertidos por esses produtos. São bastante conhecidos, por outro lado, exemplos de grande leitores de "Arte" que se envolveram bastante com "técnicas semióticas sofisticadas" para justificar massacres, expansionismo, guerras, perseguições. O Terceiro Reich e seus defensores não estão tão distantes assim.

Uma última questão em relação à narrativa trivial que merece ser destacada, a partir da leitura de Kothe, é a apresentação do herói. Neste tipo de narrativa, os heróis

> ... encenam a visão narcisista de como todos gostariam de ser (ou ao menos de ser encarados): oniscientes, onipotentes, incólumes, lindos e maravilhosos. A pretexto de divertir, servem para manter a população em estado de infantilismo (Kothe, p. 145).

Mesmo na epopéia e na tragédia, todos os heróis da ficção encerram, por um lado, o que todos gostariam de ser, e, por outro, o que, graças aos deuses, ou ao destino, não são. É só observar o terror e a compaixão despertados por Antígona. O ponto-chave da narrativa trivial — seu calcanhar-de-aquiles, percebido apenas numa leitura mais avisada — é limitar-se ao Narciso absoluto e difundi-lo como hipótese narrativa verossímil. Ninguém é completamente bom, ou completamente mau, o tempo todo. Desde Aristóteles, esta impossibilidade é reconhecida, e ignorá-la pode levar à alienação. Por isso é tão importante discutir a recepção a partir da narrativa trivial e não, simplesmente, condená-la como "a Besta do Apocalipse".

Partindo do formato de produto cultural, de massa, dentre os quais o *Roleplaying Game* se coloca, é interessante que não se cometa em relação a um jogo como este dois tipos de equívocos:

1. A pressuposição de que um jogo de produzir ficção é a invenção da pólvora.

Considero que o RPG, em especial a forma como ele se apresenta no Brasil, é uma evolução necessária e muito criativa de formas antigas de se imaginar. É, no entanto, uma atividade lúdica, coletiva, verbal e, na maioria das vezes, instantânea, o que significa que a narrativa produzida se perde, de certa forma, no momento em que o jogo pára.

2. A pressuposição oposta, ou seja, de que um jogo como o RPG é uma manifestação da "baixa" cultura de massa e, portanto, secundária do ponto de vista da herança artística da comunidade em que se insere.

Isto representaria uma visão elitista e preconceituosa, no sentido de que todo aquele que se move no terreno ficcional, quer como receptor, quer como criador de ficção, move-se também dentro de uma "enciclopédia", entendida aqui como a totalidade do conhecimento colocada à disposição de um indivíduo ou de um grupo social. É natural que esta enciclopédia seja influenciada não só por fatores individuais — idade, escolaridade, ambiente cultural etc. —, como também por fatores que dizem respeito à coletividade, inclusive a existência de um projeto de difusão cultural das chamadas produções "eruditas". O RPG amplia o repertório de quem joga e de quem "mestra", pela necessidade de pesquisa inerente a um jogo que se propõe a criar ficção. Amplia a socialização pela convivência em grupo e desenvolve a capacidade de interpretação e busca de soluções — pelo menos fictícias — por parte dos participantes.

O RPG, como toda literatura de massa, tem como estímulo sua produção, o mercado. O RPG existe e se espalha como coqueluche porque existe uma necessidade, cada vez maior, de retorno à ficção. A ficção é o objeto principal do desejo, o objetivo a ser alcançado, o triunfo da partida. Um bom mestre, reconhecido por seus pares, é aquele que sabe propor e costurar uma boa aventura. O RPG se constitui, assim, uma resposta a um contexto social que nega cada vez mais os ritos de passagem, a fantasia e a participação. O jogo constitui, por isso mesmo, uma iniciação, com nova roupagem, à contação de histórias e ao faz-de-conta. O "fazer-se mestre" obedece a um ritual de iniciação. O mestre tem de ler os livros, aprender os segredos das regras e da ambientação, convidar jogadores e demonstrar que atingiu um patamar de eficiência no jogo. O interessante aqui é que não são os representantes da sociedade adulta que reconhecem que o jovem está pronto. São os outros jovens.

O jogo entra em lacunas que existem na nossa sociedade. O sucesso do RPG entre jovens que tomam contato com o jogo já se verificou antes em narrativas como o folhetim do século XIX e, há muito mais tempo, em narrativas míticas. Isto se deve à presença de arquétipos, de tipos modelares, heróis, super-homens enfrentando monstros ou inimigos*. Esta é a marca principal das personagens do RPG, como foi antes a do folhetim histórico e, antes ainda, da epopéia[1].

A proximidade com o mito é um dos motivos da demanda por este tipo de ficção. Outro motivo é que as instituições encarregadas de iniciar as novas gerações à "grande arte" pela sociedade — notadamente a escola e a biblioteca — não encontram meios adequados para realizar esta tarefa. Existe a necessidade da ficção, tanto a de consumir quanto a de produzir. O ambiente escolar não consegue ser um espaço para abrigar esta necessidade. Historicamente, as instituições detentoras do poder de determinar o que

---

* Ver SODRÉ, Muniz. *Best-seller: a literatura de mercado*, p. 8.

é ou não cultura afastam de si produtos culturais que não correspondam aos seus parâmetros, sobrando, portanto, à indústria cultural a tarefa de criar produtos que correspondam à demanda.

O fato de o RPG ser uma leitura voltada para o mercado e referendada por ele não significa que escrever livros de regras de RPG seja uma tarefa fácil. Demanda pesquisa para se criar uma ambientação coerente, onde os jogadores possam desenvolver suas aventuras. Demanda criatividade e mais coerência ainda para se estabelecer regras que mantenham o caráter de jogo. Quando o jogo é passado num universo ficcional preexistente, o produto cultural exige ainda mais esforço de adaptação[2].

É fundamental para o autor de Livros de Regras de RPG oferecer condições para que o leitor entenda como produzir, em grupo, aventuras atraentes. O produto atingiu seu objetivo, conquistou seu espaço no mercado quando o leitor do Livro de Regras torna-se jogador de RPG.

No entanto, ao contrário do romance seriado do século XIX, não acontece no RPG, até o momento, a presença de escritores da chamada literatura culta, a literatura reconhecida, referendada por instituições culturais. O RPG, portanto, é criação de ficcionistas leigos, ou seja, é criado por pessoas que apreciam ficção, pesquisam ficção, mas não são ficcionistas profissionais, muito menos ficcionistas reconhecidos como tais. Esta particularidade da produção de Llivros de Regras de RPG não é uma desvantagem, necessariamente, porque o fato de que os que escrevem os livros de regras não serem escritores reconhecidos como tais não os desqualificam, quando conseguem apresentar-se como produtores competentes que preenchem uma lacuna, satisfazem um "nicho" do mercado. O que interessa, na verdade, é observar se os livros apresentam a marca do escritor original.

Além do Livro de Regras, o RPG inclui outros níveis de relacionamento com a ficção. Para o leitor do Livro de Regras que deseja ser mestre do jogo, o fundamental é, por meio do domínio da ambientação e do sistema de regras, construir narrativas verbais que divirtam, comovam, entretenham a ele mesmo e ao grupo. Na prática, quanto mais o mestre domina as regras e a ambientação, mais sucesso obtém nos seus propósitos. Não é simples também adquirir este domínio. No Capítulo V, o modo de produção detalhado do RPG mostrará o quanto o mestre precisa "aprender" a respeito dos meandros da ficção e do jogo para se assenhorar da criação de enredos.

Os jogadores, guiados pelo mestre, precisam também exercitar mais e mais a competência e a rapidez no desenvolvimento do enredo proposto por meio da oralidade.

Este produto específico da indústria cultural parece um livro de ficção, mas não se confunde com a leitura de ficção. É um produto que tem como objetivo multiplicar ficções, bem de acordo com a geração que o joga, cada dia mais familiarizada em apertar botões para conseguir o que deseja, sem nenhum demérito à intimidade da juventude com as máquinas. O "fliperama" chamado RPG permite, dependendo do caminho "acessado", criar ficção. Imitando, ou não, seus antecessores[3].

O *Roleplaying Game* norte-americano, objeto da minha tese de doutorado, é um produto cultural que se aperfeiçoou, desde seu surgimento nos Estados Unidos, em 1974, sempre na direção de possibilitar mais eficiência ao jogo e incorporar novos consumidores. A concorrência melhorou a forma — inclusive no cuidado nas traduções —, resgatou a herança literária, construiu alianças paralelas à "pilhagem narrativa" entre os produtores dos livros de regras*.

Avaliar o produto cultural livro de regras de RPG do ponto de vista de matriz que se propõe a "ensinar" a jogar com ficção foi o objetivo deste estudo, concretizado na tese defendida em março de 1997. A tese se propôs a discutir se o objetivo do *Roleplaying Game* norte americano é expresso com clareza, qual a concepção que o norteia, que elementos da narrativa introduz, quais seus limites na iniciação à narrativa.

Muito ainda precisa ser pesquisado, analisado, na direção de compreender como a atividade de imaginar atinge a juventude que se organiza em torno de um jogo de ficção. Quem são os jovens que jogam RPG? Que textos eles produzem? São perguntas essenciais a serem respondidas. Quais as fontes, qual a trajetória intelectual e imaginativa dos jovens escritores pioneiros no RPG nacional, como *Tagmar* e *Desafio dos bandeirantes*? Pelo menos um deles, Carlos Klimick, ampliou (e muito) seu pioneirismo, mas estudar as origens imaginativas é importante para se aprender com elas.

---

* Conforme pode-se notar em *The Vampire Players Guide*, onde está indicado um acordo entre a White Wolf e a Steve Jackson Games, permitindo a publicação de suplementos da primeira editora para serem usados no *Gurps*.

Em vinte e seis horas de gravações — do seminário na PUC-Rio, em 1994, e do ciclo de debates no CCBB, em 1995 —, o que pude observar foi a existência de uma discussão quase que tribal, com todo o respeito, acerca desta questão.

O livro *RPG & Arte* — organizado por mim e lançado pela Superintendência do Banco do Brasil no Rio de Janeiro, em 1996 —, revela um material muito interessante. Foi a primeira experiência de se reunir num mesmo ambiente jovens jogadores de RPG e especialistas em literatura, teatro e cinema. Houve, concretamente, um esforço de refletir sobre a prática do RPG e sua relação com outras formas de arte. Na transcrição dos debates existem pistas sobre quem são os jogadores de RPG. Isto, no entanto, não basta. Seria preciso investigar, com metodologia adequada, os receptores.

Constatando-se a insuficiência de dados e a falta de análise sistemática das informações empíricas disponíveis, torna-se necessário pesquisar o perfil cultural dos jogadores de RPG. No decorrer de semestres de pesquisa foram levantados cerca de trezentos nomes e endereços de jogadores. Seria interessante uma pesquisa qualitativa para estabelecer grupos de entrevistas e/ou questionários com carta-resposta que permitam uma avaliação mais consistente ao questionamento sobre quem joga RPG.

A crítica à narrativa ficcional produzida pelos grupos estaria num território diverso. De 1993 a 1997, jogadores e mestres permitiram a mim, com a generosidade característica da juventude, a gravação de dezenas de horas de narrativas produzidas nas rodas de jogo. A impossibilidade de acrescentar este material à tese deve-se ao tamanho das transcrições: algumas partidas ocupam mais de cinqüenta páginas. Para a análise das narrativas dos grupos seria necessária a releitura das sessões já gravadas e a observação de outras, correspondentes aos RPGs analisados. Para a releitura e observação futura seria importante identificar:

- quais regras do sistema de jogo analisado os jogadores mantêm no desenrolar da narrativa e quais eles abandonam;
- quais alusões literárias e cinematográficas atravessam a narrativa;
- como introduzem os "ganchos" que dão ritmo ou suspense à narrativa;
- em que medida personagens, enredos e cenários adequam-se entre si;
- em que medida o mestre controla a narrativa, se ele apenas propõe um roteiro básico e arbitra ou se joga "contra" os outros jogadores;

- qual a relação entre o sistema do jogo e o controle do mestre;
- qual a relação entre o repertório cultural do mestre, sua intimidade com a ficção de um modo geral e o controle por ele exercido no decorrer da partida;
- quais as principais fontes de inspiração de onde os mestres tiram os enredos.

A importância deste tipo de investigação é a de determinar o horizonte de leitura de um conjunto significativo de jogadores e mestres. Da mesma forma, seria interessante pesquisar a expectativa deles em relação a temas como Terror, Violência, Ciência, Futuro, Poder, História, que são freqüentes nas narrativas produzidas.

Outra questão que merece ser abordada dentro do universo cultural dos jogadores e mestres é o entendimento destes a respeito dos conceitos que livros como o "Vampiro" abordam. Suspeito que conceitos como ficção, enredo, tragédia, estejam se disseminando de forma totalmente diferente dos objetos aos quais correspondem, algo como a sereiazinha de Andersen casando-se com o príncipe num *happy end* inimaginável para leitores não formados por Walt Disney.

Destaco entre os temas que me chamaram atenção na pesquisa para a tese e nos projetos que desenvolvi de produção de autoria coletiva, antes e depois de 1997, a descoberta de que alguns leitores necessitam exteriorizar sua própria ficção, em grupo, além de passear pela ficção alheia. Não como escritores. Ainda.

A segunda coisa que foi se tornando mais clara depois de 1997 foi a impossibilidade de o RPG norte-americano incorporar fabuladores numa escala mais ampla. Em turmas inteiras de uma escola, por exemplo. Para atingir este objetivo, seria necessário um jogo de criar histórias mais preciso, mais simples, mais claro, menos sujeito às demandas de "tribos". Uma máquina narrativa que concretizasse a Pedagogia da Imaginação.

O *Roleplaying Game*, considerado como um jogo de representação, independentemente da sua nacionalidade e formato, é, conceitualmente, um jogo, um passatempo coletivo e lúdico, mas é também uma forma específica de narrativa de massa que apresenta o objetivo central de entretenimento. Não se propõe nem se caracteriza por ser uma narrativa destinada à fruição, ao contrário, é basicamente um texto que "ensina" como fazer textos orais que visam ao prazer do grupo que fabula — os jogadores e os mestres do jogo.

Barthes distingue dois tipos de textos e, conseqüentemente, dois tipos de leitura: a que vai direto às articulações do enredo, ignora os jogos de linguagem, perde algo do discurso, conscientemente. Outra é a leitura "colada" ao texto. Aplicada, adequada ao texto moderno, texto-limite, fragmentário. A primeira leitura é a do prazer, a segunda é a da fruição.

O texto de opção dos jogadores de RPG é o do prazer e o da narrativa épica, e é nesse tipo de texto e de prazer que minha tese de doutorado se deteve. Do ponto de vista do prazer, não é possível a crítica valorativa de que um texto é bom ou não, porque a avaliação vai depender da opção de leitura. Ao texto, portanto, não pode ser atribuída uma avaliação adjetiva.

A narrativa épica, em geral, permite um ritmo menos cuidadoso com a integridade do texto. É possível ler Dickens — *Um conto de duas cidades*, no exemplo dado no item "A ilusão do real e o real da ilusão", p. 25. — pulando trechos para se concentrar a leitura nos eixos que impulsionam a narrativa. O essencial para este tipo de leitura não é a estrutura da linguagem, é o prazer que o texto proporciona na recepção.

Isto é importante para o estudo do RPG porque é a admissibilidade de mais de uma maneira de ler o texto e mais de um tipo de texto, sem valoração.

O RPG não é um texto de fruição, não é novo, não abala a consciência dos seus leitores ou jogadores. Nada disto representa um demérito, apenas uma constatação.

Segundo Barthes, metade dos franceses não lê. Isto não é lamentável apenas do ponto de vista humanista ou intelectual. É lamentável, principalmente, do ponto de vista do prazer.

Voltamos então ao RPG, porque quem joga, lê. E sente prazer na leitura. O fato de os jogadores de RPG lerem apenas as narrativas que lhes chegam prontas, traduzidas dos Estados Unidos, picotadas, sem fontes ou referência, só vem comprovar a ineficácia das instituições encarregadas da iniciação estética da juventude e da difusão da cultura em proporcionar o acesso ao prazer do texto.

O texto de prazer é atiçado pela curiosidade, pelos pequenos pormenores, pelo gosto do cotidiano nas personagens. O texto produzido nas narrativas de RPG é um texto de representação, pois os jogadores atuam como personagens e o mestre como diretor, cenógrafo, todo o grupo/elenco exercitando o gosto fantasmático pela realidade. Na representação, fazem questão da verossimilhança, da legibilidade. Daí o detalhamento da ambientação encontrado nos livros de regras e o detalhamento das ações das personagens, expressado oralmente pelos jogadores.

Apesar de ser uma afirmação difícil de mensurar, é possível que, entre os jogadores de RPG, se encontre mais leitores dramáticos do que literários. Ou seja, é provável que não apenas os textos se diferenciem por serem de representação ou não, dramáticos ou literários.

Leitores também são diferentes, há os que preferem ver e imaginar, ouvir e imaginar, a ler e imaginar. Existem ainda aqueles movidos pela curiosidade de saber como a máquina narrativa funciona. Estes são movidos, dominada a máquina, pela necessidade de partilhar (numa acepção mais generosa) ou exibir (de uma ótica mais narcisista) seu domínio. Deste último conjunto, saem os jogadores de RPG. Saem também os escritores.

Se existem diferentes tipos de inteligências e de textos produzidos por autores dos diversos gêneros, por que não existiriam determinadas tendências de leitura?

Em 1997, defendi que o RPG proporcionava a oportunidade prática, existencial, de várias pessoas reunidas questionarem a verdade, "encenarem" as possibilidades, os caminhos que suas personagens têm a seguir.

Para ser mestre de RPG bastava (ainda basta) algum talento para a ficção, muita imaginação, capacidade de "misturar" fragmentos de narrativas e personagens alheias oriundas de várias mídias. Além da disciplina para ler centenas de páginas de regras e a capacidade de convencer um pequeno público a começar a freqüentar seu mundo inventado. Eis a receita de um mestre. Guardadas as devidas proporções, é a mesma de qualquer ficcionista iniciante.

Procurei, a partir da defesa da tese, separar o conceito "jogo de representação" das centenas de páginas e suplementos que tornam o RPG norte-americano uma máquina de produzir ficção restrita. Por causa do esforço e do preço dos insumos.

No jogo de criar histórias e de representação, os jogadores aceitam a premissa de serem, momentaneamente, guerreiros, clérigos, feiticeiros, pilotos de naves espaciais, vampiros. Fazem teatro sem terem de assumir o palco. Pesquisam cenários, mobiliam mundos ficcionais, estruturam diálogos e rubricas, seguindo regras que são as mesmas consagradas pela narrativa ficcional através dos tempos.

Quando Calvino defende para o milênio em que estamos vivendo uma Pedagogia da Imaginação, propôs que certas características da ficção fossem preservadas. Essas características apresentam uma relação muito próxima com o jogo de representação.

A atividade dos jogadores parece buscar a leveza como reação ao peso da vida, a leveza da fantasia que acompanha a literatura popular através dos tempos, a leveza da ficção abrandando a realidade.

No jogo, só cabe o que é essencial para o enredo proposto por um e desenvolvido por todos. O jogo precisa manter, portanto, a rapidez da narrativa oral e do conto maravilhoso onde tanto não é dito, na luta contra o tempo.

O esforço nas rodas de jogo não é pequeno no sentido de visualizar a fantasia, o sonho e a imaginação por meio dos enredos construídos coletivamente. O cenário em que os jogadores passarão a atuar é narrado oralmente, sem o auxílio da palavra escrita e revisada. Os jogadores precisam improvisar ações e falas que sejam convincentes às características imaginadas para suas personagens e que estimulem a imaginação dos parceiros.

É importante notar que, quando se acompanha partidas de jogadores jovens, torna-se difícil distinguir o que é elaboração pessoal já que eles participam de uma cultura dominada pela imagem.

É indispensável para o exercício do jogo que se mantenha a multiplicidade de conexões, identificáveis por meio das alusões a todo tipo de mídias nos enredos produzidos. É comum a pesquisa de itens, como indumentárias, armas, costumes, magias nas rodas de RPG. É comum também a reutilização de imagens, temas, tramas a partir da realidade cotidiana, de obras da cultura de massa e "novidades" científicas.

O limite da multiplicidade no jogo de representação é o limite da "enciclopédia" cultural colocada à disposição dos jogadores, antes de tudo. Pode-se argumentar que um produto típico da indústria cultural que toma forma de manual de iniciação às atividades da imaginação é por si só limitado. Limitado por sua origem, por seu objetivo, seu contexto. Mas não, a origem, o objetivo já tem um caráter enciclopédico. Enciclopédia de personagens, cenários, mundos, aventuras, prontas para serem articuladas da forma mais múltipla que os jogadores puderem conseguir. O limite maior, portanto, está em os consumidores do jogo não terem acesso à realimentação do imaginar.

Praticar a exatidão, outra das propostas defendidas por Calvino, é marcante nas narrativas orais do jogo de representação em dois sentidos: por um lado, os jogadores necessitam ser o mais precisos possível em suas fichas de personagens.

Por outro, a falta de exatidão no uso da linguagem, o flagelo lingüístico condenado por Calvino, afeta o RPG norte-americano pela maneira, às vezes, superficial, como certos livros de regras são escritos. Mas não é só isto. Existe também a falta de importância, a falta de cuidado com a palavra e o estilo entre os jogadores. Não é o caso de discutir aqui, mas a falta de cuidado com a palavra é uma marca do momento histórico e cultural que vivemos no Brasil e as rodas de jogo não seriam, é claro, exceção neste contexto.

O jogo de representação não é literatura, pois nele não existe um debruçar-se na introversão para dela extrair um sentido para o mundo, o qual não se aceita tal como é apresentado aos sentidos.

Aqui não se trata de empreender uma avaliação qualitativa, de aferir o que é mais culto, nobre ou sério: se a brincadeira dos que jogam criando histórias ou o "trabalho" de um escritor de literatura, cinema ou teatro. O jogo, por si só, é efêmero. Em geral, os grupos não registram as narrativas, o objetivo é lúdico. O fato de ser lúdico não aumenta nem diminui sua importância em termos de iniciação estética. Nem estabelece uma competição entre o trabalho artístico individual e a ficção oral e coletiva.

O que existe de novo no RPG norte-americano e no jogo "Autoria" de criar histórias é o fato de leigos fazerem ficção coletivamente. Isto coloca a questão além da leitura e do leitor empírico, ingênuo, despreparado.

As lacunas dentro e fora da "margem"

Inúmeras lacunas e limites nos livros de regras e nas narrativas produzidas nas rodas de RPG comprovam o quanto a ausência de literatura atrapalha ou diminui o prazer de jogar.

A própria evolução que atingiu o mercado, do *AD & D* ao *Vampiro*, e aqui estou usando dados apenas até 1997, é a demonstração de que mesmo a indústria cultural percebe que é preciso resgatar mais e mais os antepassados do RPG para aperfeiçoá-lo. Maior detalhamento dos elementos da narrativa, menor ênfase em tabelas e cálculos excessivos, diminuição das interrupções pelos dados, orientações no sentido de substituir a pura seqüência de ações por um encadeamento dramático que forneça um sentido às premissas colocadas pelo mestre no enredo e pelos jogadores na construção das personagens.

No RPG, no entanto, permanece o peso, talvez excessivo, na figura do mestre. O mestre, com certeza, lê e "trabalha" mais a fabulação proposta do que o restante dos jogadores. Por mais que se esforce ou aprenda com a experiência, será afetado por características dos livros de regras que ainda não foram modificadas, não foram ainda atingidas pela "evolução" do produto.

Os livros de regras de RPG norte-americano propõem personagens que se distinguem por suas características abstratas e não por suas falas e ações. São tipos, por mais que "Vampiro" tente estimular a marca original de cada uma das personagens. E são tipos quando não se limitam ao "tópico", porque o RPG norte-americano, até hoje, não introduziu a diferença entre personagem principal e secundária, ambas essenciais para qualquer enredo ser enriquecido. Propor que personagens tenham o mesmo tempo, a mesma participação, o mesmo peso, para não constranger ou deixar de estimular jogadores, para garantir o igualitarismo é, em si, uma impossibilidade ficcional. Esta concepção confunde real e ficção e ignora vinte e cinco séculos de teatro ocidental, do coro grego à aia de Desdêmona, para limitar-nos apenas a dois exemplos.

De qualquer forma, as possíveis lacunas na recepção — que, por suposição, ignore cerca de dois mil e quinhentos anos de teoria literária, tomando como ponto de partida a *Poética* de Aristóteles — não é de causar espanto quando se considera que muitos professores de segundo grau não sabem a diferença entre história e enredo, herói épico e herói cristão, tragédia e conto de fadas, nunca ouviram falar em V. Propp, nem leram Aristóteles. Esta constatação, infelizmente empírica, tem sido feita por mim em oficinas literárias ministradas a professores de ensino fundamental e médio, da rede pública e privada, em vários locais do país. A leitura do debate com professores universitários, bibliotecários, mestres de RPG e estudantes de letras na PUC-Rio, em maio de 1994, aponta na mesma direção. Professores a que me refiro fizeram o curso de magistério, muitos deles a faculdade de Letras. Os adolescentes que jogam "Vampiro", em sua maioria, nem chegaram lá e estão sendo iniciados às artes da ficção por autodidatas norte-americanos. Tudo indica que estamos diante de mais uma típica situação brasileira: todos são vítimas e ninguém é culpado.

Acredito que a tese "*Roleplaying Game:* a ficção como jogo" defendida por mim em 1997, com todos seus inevitáveis limites, ofereceu subsídios para a prática editorial e escolar na área da ficção não profissional ou para não-especialistas.

Na época, existia uma lacuna no mercado brasileiro em relação a estudos sobre o *Roleplaying Game*, e era minha intenção pesquisar mais detalhadamente no futuro o perfil cultural de consumidores de RPG e as narrativas por eles produzidas. Esta pesquisa aumentaria o alcance e a praticidade do texto teórico, e me parecia uma continuidade desejável para estudos sobre autoria coletiva apresentados em 1997.

Ocorreram, porém, outras circunstâncias profissionais que influíram em conduzir meus estudos e minha prática para outros caminhos. O Museu Histórico Nacional e a RioArte me pediram um projeto de formação de platéia para escolas públicas usando o RPG. Criei então o "Quintas em Jogo" no qual estudantes de 5ª a 8ª séries interagiam com as exposições e cenários do museu em situação de jogo. Fiz o mesmo para a Casa de Rui Barbosa, numa exposição intinerante patrocinada pela Odebrecht, e nas duas ocasiões pude perceber o quanto era difícil para não-iniciados entenderem o cipoal de regras do RPG norte-americano por mais que fosse simplificado. Ao mesmo tempo, estudantes e professores achavam apaixonante a máquina narrativa em operação.

Em seguida à defesa da tese, fui convidada por Walter Avancini para trabalhar como roteirista na TV Manchete. Escrevendo para televisão, percebi como o roteiro era um jogo ficcional, em geral, como mais de um autor. Mais do que a literatura a que estava acostumada a escrever.

Durante um ano, participei do que a imprensa chamou depois da "carnificina de roteiristas" empreendida por Avancini, profissional da maior competência, mas temperamental como poucos. Num desses momentos, decidi transformar minha tese em jogo. Pedi a Maurício Mota, então estudante de publicidade na PUC-Rio, que atuava como monitor dos projetos que desenvolvi desde 1995, no Programa RPG & Arte, para ler minha tese e fazer uma proposta de transformá-la em jogo.

Isto foi em meados de janeiro de 1998. Maurício fez vinte páginas de sugestões e dirigiu o projeto de produto. Foram quatro protótipos e quinhentos e quarenta *players test*, como se diz na indústria cultural norte-americana. Surgia o "Autoria e Companhia" e, mais tarde, o *Autoria*, jogo de criar histórias, a inserção de uma tese de doutorado num brinquedo, uma contribuição à Pedagogia da Imaginação no Brasil.

Na segunda parte deste livro, que vem a seguir, detalho, a partir do ambiente familiar, como se cria, fortalece, estimula o exercício da imaginação e da criatividade no indivíduo e no grupo. Segundo minhas pesquisas e, principalmente, minha prática. Abordo também experiências de pedagogia da imaginação com professores, estudantes, profissionais em seus ambientes de trabalho e adolescentes em situação de risco. A intenção foi contar histórias e aplicar o pesquisado. Espero ter conseguido.

Notas

1. Toma-se aqui modelar não no sentido de bom, correto, justo, mas no sentido de excepcional, poderoso, capaz de desafiar os deuses, os reis ou o destino. O herói do folhetim histórico apresenta falhas tremendas de atitudes, comete adultério, vinga-se dos desafetos, ludibria os tolos, mas é capaz de enfrentar obstáculos, aparentemente intransponíveis, apenas com sua coragem e espada. E vencer. É o caso também do herói da epopéia. Aquiles e Ulisses são os exemplos mais gritantes, para manter a escolha apenas nos gregos.

2. Duas publicações — *Merp*, baseada na obra de Tolkien, e *Call of Cthulu*, na obra de H. P. Lovecraft — tomam de empréstimo o universo de autores de literatura. Traduzir esses universos em jogo exige um trabalho de imaginação e detalhamento que não é simples. Ainda mais tratando-se de Tolkien, que construiu um universo complexo, de personagens a idiomas, com mitologia própria.

3. W. H. Auden é muito feliz quando discute em ensaio a finalidade terapêutica das primeiras tentativas ficcionais de jovens escritores. Certos temas imediatos, mais à flor da pele, precisam ser expressos para que o trabalho ficcional cresça em coerência, consistência e, quem sabe, qualidade. Outra questão que Auden aborda é a importância da imitação na trajetória do jovem poeta em formação. É imitando que se tem a chance de aprender como fazer. Isto vale para qualquer forma de aprendizagem, inclusive para a aprendizagem da imaginação. Ver W. H. Auden, *A mão do artista*, p. 47.

SEGUNDA PARTE

➤ CAPÍTULO 8 ⮜

Pedagogia da Imaginação e *Autoria*

A família e a formação do autor (leitor)

No final da década de 1970, foi bastante divulgado um texto chamado *25 conselhos de uma criança aos seus pais*. Foi escrito em linguagem simples, como convém a uma obra que possui tal título. Era simples porque pretendia representar a voz, o ponto de vista infantil. Seria inverossímil se o vocabulário fosse rebuscado ou se contivesse longas explanações. Criança não "fala" assim. O conteúdo, no entanto, era bastante complexo. Um dos conselhos — que li quando acabava de nascer meu primeiro filho — lembro até hoje: a criança aprende pelo exemplo.

O exemplo é, realmente, uma das formas mais poderosas de aprendizagem social. Vale também para a aprendizagem do prazer. O prazer de comer, de beber, amar e ler. Infelizmente, é muito comum que, ao entrar em contato com atividades prazerosas, as pessoas adquiram, inclusive pelo exemplo, medos a ansiedades, limites rígidos, preceitos que acabem levando-os, a lidar com o prazer por meio de mensagens de duplo sentido.

Crianças precisam comer bem para crescerem fortes e saudáveis, mas existe uma lista enorme de coisas gostosas, porém proibidas: existe a fome visível de crianças nas ruas, a ameaça de cáries e do dentista, a falta de tempo de preparar refeições saborosas, as lanchonetes com comidas rápidas e sem imaginação, o trabalho dos pais que, muitas vezes, os impedem de fazerem as refeições com os filhos.

Saiu nos jornais: o governo francês, preocupado com a invasão no sagrado terreno da culinária francesa, está implantando nas escolas públicas o uso de cardápios e desestimulando o hábito dos jovens de se alimentarem ouvindo walkman. Está aí uma tentativa oficial de iniciar crianças e jovens no prazer de uma boa comida, que também é cultura.

Estranho parecerá a alguns vincular a leitura aos prazeres da boa mesa. Não para aqueles que aprenderam, no decorrer da vida, que a capacidade de usufruir do prazer é uma só, as iniciações é que são variadas.

Esclarecerá, talvez, minha idéia de iniciação ao prazer da leitura e da vida o relato do meu primeiro contato com a língua escrita. O primeiro contato oficial. Tive a sorte, o privilégio, de ser alfabetizada em casa, por minha avó, espanhola, grande contadora de histórias e excelente professora. Na véspera da primeira aula, minha mãe me levou a uma papelaria para escolher os "ingredientes" da alfabetização. Lápis de cor, cartilhas variadas, borracha, apontador, livros — que eu levaria, no mínimo, um ano para conseguir ler. —, tabuadas de formatos diversos, cadernos "em pé", "deitados" e quadriculados, para aprender matemática, que minha avó ensinava com palitos de fósforos e gomos de laranja, às vezes pedaços de maçã cortados na hora. Eu tinha cinco anos e escutava histórias todas as noites, na hora de dormir, e várias vezes durante o dia, porque, na minha família, as crianças não eram banidas das conversas dos mais velhos, apesar de existir um limite claro: não dar palpites na frente das visitas. Dúvidas e comentários só depois que os parentes e amigos saíssem.

Histórias de fadas, bruxas, piratas, noras, sogras, genros, namoros inconvenientes, madrastas ciumentas, falências evitáveis, conselhos não seguidos. Adulta, eu escreveria um livros para crianças, *Casa das delícias*, onde minha crença infantil se delineia: todas as personagens das histórias — inclusive as bruxas e fadas — vovó conhecia pessoalmente, com intimidade. O mundo da ficção era muito próximo de nós.

A realidade também era muito discutida. Juscelino Kubitschek, Carlos Lacerda, os militares e sua "redentora" revolução, notícias de jornais, radionovelas, *Jerônimo, o herói do sertão*, o último filme de Sarita Montiel (estará correta a grafia?) e uma outra espanholita, Marissol, se não me engana a memória, cada vez mais traiçoeira. Era uma casa onde se lia muito. Jornais, três por dia. Os folhetins ainda existiam. *Os amores célebres*, *Os crimes que ficaram famosos*, acho que eram estes os títulos das tiras diárias, não me lembro em que jornal saíam. *Angélica, a Marquesa dos Anjos*, publicada pela revista *Querida*, acompanhei na adolescência, o "vício" da leitura já estabelecido e consolidado, sem cura Os adultos apreciavam bastante os livros, jornais, revistas, amavam a palavra, na minha casa, na minha família.

O exemplo era muito forte. A ficção, a capacidade de lê-la, devia ser uma coisa maravilhosa, já que os mais velhos precisavam tanto dela.

Existia também um clima de festa (outra vez a imagem culinária), um clima de banquete em torno da leitura. Os pratos — os livros — estavam ali, à mão, sem restrições maiores. Eça de Queiroz, Zevaco, Dumas, Monteiro Lobato, Shakespeare, J. Mallorqui, Viariato Corrêa, Zola, Machado de Assis, Sra. Leandro Dupré, Steinbeck, Dostoiévski, Mandrake, Luluzinha, Polliana, Fantasma.

O banquete estava à disposição, era só escolher e encher o prato. Alguns eram abandonados, porque indigestos, ainda. Outros lidos sem entender direito os elementos que entravam na sua composição. O importante, me parece, é que não havia restrição, manipulação. Existia, sim, o exemplo do prazer e a oferta generosa de meios para obtê-lo. O livro, na minha infância, era sempre motivo de festa.

Outro elemento muito forte na minha infância foi o direito, a necessidade à expressão. Acho que já me referi ao amor que a família de minha mãe — junto a qual fui criada — tinha à palavra em sua forma oral. A especialidade de meu pai, o escritor Nelson Rodrigues, era outra, era a palavra escrita, e, durante toda minha meninice, minha mãe repetia sua frases, comentava as personagens criadas por ele, comparava seus enredos aparentemente inverossímeis com os fatos cotidianos. Na adolescência, ao vê-lo batucar na máquina de escrever com a mesma fluência e facilidade com que minha avó contava histórias, suponho que o quadro tenha se completado. A expressão dos sentimentos por meio da palavra tornou-se, para mim, uma necessidade primordial.

A leitura e a criação verbal ou escrita eram motivos de orgulho no ambiente em que me formei. Ler em voz alta, compor versinhos infantis, desenhar casas, ou árvores, fazer redações engraçadas, tudo era motivo de júbilo, tudo era prova de que a palavra não é apenas capaz de convencer, também é vencedora.

O prazer, de qualquer tipo, pressupõe uma iniciação. Não uma coisa de um só caminho, e sim uma educação dos sentidos, a capacidade de ler seu próprio desejo e o desejo do outro, a capacidade de conquistar/construir a escolha que melhor satisfaz ao paladar. Novamente utilizo expressões habitualmente reservadas ao prazer sensual, às atividades de ler e comer. Mas aqueles que apreciam de verdade a boa mesa e aqueles que se acostumaram, de pequenos, aos livros, sabem que o prazer é um só. Infinitas são as formas de encontrá-lo.

Esta introdução autobiográfica se refere a um dos caminhos possíveis para a família formar leitores. A oferta, o exemplo, o debate, a confiança na capacidade da criança ouvir falar, escrever. Basicamente, a confiança. Pais que confiam em quanto seus filhos são capazes de usufruir o melhor da vida, que confiam na possibilidade de resistirem às intempéries inevitáveis e construírem seus caminhos têm menos dificuldades de introduzir as crianças à leitura.

Não importa o cardápio, o que define é o banquete

Não basta oferecer à criança livros em quantidade para que se promova a leitura em família. Serão leitores, naturalmente, aqueles que perceberem a leitura como elemento essencial ao ambiente em que vivem. Crianças que convivem com a interpretação do dia-a-dia, com o comentário espontâneo do que acontece a sua volta, com a apreciação da ficção, da fantasia, lerão. Não importa qual seja o veículo que transmite o acontecimento, a história a ser contada, interpretada. Mais do que ler, essas crianças serão capazes de criar sonhos, histórias, desenhos, máquinas, maneiras de reagir ao mundo e, se necessário, defenderem-se dele. Terão um acervo interno adquirido na leitura, acervo de fácil acesso quando dele precisarem na vida.

Percebe-se, então, que o livro não é o primeiro objeto de leitura. Para alguns, talvez seja o principal, o mais importante. Antes dele, porém, existe a palavra, o gesto, o afeto de contador de "causos", do contador de histórias. Existe o adulto que separa um pouco do seu tempo diário para expor à criança — qualquer que seja seu tamanho — um pouco da experiência, literária ou não, das gerações que a antecederam.

Muitos contadores de histórias foram e são não-letrados. Há pessoas que demonstram uma enorme sensibilidade na leitura de imagens. Pessoas que "destrincham" personagens e tramas da — por exemplo — telenovela com uma competência de deixar muito especialista em literatura espantado.

Minha experiência pessoal, de vivência e estudos, indica que essas pessoas tiveram um forte contato com a cultura popular por meio de suas formas orais. A televisão as fascina porque une a imagem com a palavra verbalizada. Às vezes, nunca tiveram acesso ao livro — uma falha no processo de socialização da qual, com certeza, não são responsáveis —, mas são indivíduos capazes de interpretar o que vivem.

Uma outra cena me volta à memória. Passando roupa e comentando uma carta de minha cunhada com meu filho de oito meses sentado num carrinho. Todas as novidades de uma parte da família que morava distante. Escrevendo agora, lembro-me de que minha mãe também fazia esse tipo de coisa enquanto cozinhava pratos sempre deliciosos. A oralidade, nestes casos, estou convencida, é a base da leitura. Porque ela envolve a opção pelo afeto. Alguém maior, mais experiente, mais poderoso, escolhe a criança como interlocutora de suas confidências, de suas preocupações, de sua fantasia. Quando esse alguém estimula, aceita e aprecia a manifestação da criança a respeito do que é contado, do que é vivido, torna-se mais provável a segurança da criação.

Causa-me espanto que algumas pessoas — profissionais da educação, inclusive — esperem que os estudantes de ensino médio se expressem "livremente", sem que um clima anterior de discussão seja estabelecido. Sem que um repertório de leitura seja oferecido.

Mil dificuldades são usadas como argumento para justificar a falta de repertório e a precariedade de expressão das novas gerações no Brasil. As famílias estão cada vez mais pobres, o sistema escolar público destroçado, os educadores mal remunerados, desmotivados para promover a leitura.

Tudo isto é verdade. É verdadeiro também que só com uma decidida vontade política estes problemas estruturais serão resolvidos. Acontece que, da mesma maneira que o baixo padrão aquisitivo não elimina a vontade de comer, também a ausência de estímulo oficial não impede a necessidade de sonhar, de falar, de comentar a realidade em que se vive.

O ideal seria que todas as famílias convivessem com livros e contassem histórias para suas crianças. O ideal seria, também, que todas as manifestações artísticas fossem de fácil acesso à população e que essas manifestações fossem discutidas em casa, objeto de debate familiar. Isto, infelizmente, não acontece com a freqüência desejada.

Alguns culpam a televisão e a cultura de massas por esta lacuna. Na minha opinião, é uma crítica injusta. Tudo é passível de debate. Novelas, gibis, letras de músicas *funk*, enredos de escolas de samba, notícias de jornal.

Leitura não é uma coisa limitada, uma atividade puramente intelectual. Não se pode atribuir apenas à situação econômica e social do país a falta de leitura e de interpretação nos lares brasileiros, esses mesmos lares que originam alunos, professores e eleitores que ajudam a manter a situação do país do jeito que está.

Conheço famílias cujos filhos só conheceram, na infância e na adolescência, um livro não escolar. A Bíblia lida em serões familiares. Aberta a esmo em busca de conselhos nas horas mais difíceis. Todas essas pessoas se tornaram leitoras no dia em que a vida lhes ofereceu oportunidade.

Longe de mim tentar discutir a importância religiosa ou literária da principal obra de referência da fé cristã. Não pretendo também abranger todo um universo de leitores a partir de casos específicos do meu conhecimento pessoal. Arrisco uma hipótese, ressalvada qualquer pretensão: sendo a Bíblia — assim como outros livros fundadores das principais religiões que a humanidade conhece — um grande elenco de histórias a respeito do sofrimento e dos limites da condição humana, o fato de ela ser lida para crianças no seio da família e da comunidade religiosa, por si só, já estimula o gosto pela leitura. E mais, favorece a interpretação.

A interpretação é o ponto-chave. Não importa a quantidade de livros que uma família tem. Importa é o prazer, a confiança, o debate que ele inspira. Imagino a cena de um grupo familiar discutindo a história de José e seus irmãos. O triunfo da fé, da integridade, da excelência sobre o ciúme, a inveja, a luxúria e a mesquinharia. Porque José é o preferido do Pai (o terrestre e o divino) por ser o melhor, aquele capaz de perdoar, é verdade, mas, principalmente, aquele capaz de interpretar. Aliás, só perdoa por isso. Para começo de conversa, se ele não fosse capaz de interpretar, dos sonhos do faraó aos impulsos dos irmãos, não teria sobrevivido. Aqui o exemplo do livro se mescla com a interpretação. A história é contada e discutida, mesmo que seja apenas entre os mais velhos. Aprender a escutar faz parte da iniciação.

Imagino a repercussão desta história na cabeça de uma criança pequena. Deve ser parecida com a repercussão das histórias bíblicas lidas nas reuniões das Comunidades Eclesiais de Base, na época da ditadura militar no Brasil. Tive o prazer de assistir a muitas dessas reuniões e participar de alguns debates no interior das CEBs. São riquíssimos. Quando se oferece às pessoas, de qualquer idade ou classe social, a oportunidade da interpretação, elas se iluminam. Basta um livro rico em significado — como a Bíblia, por exemplo — e a disposição de encontrar o sentido do que se lê.

É claro que crianças muito pequenas não discutem o significado da Palavra de Deus, ou a dos homens, da mesma maneira que o adulto. Mas elas arquivam no interior de suas mentes e de seus corações essa experiência. Deve ser por esse motivo que meus amigos evangélicos tornaram-se leitores depois de adultos e sempre muito questionadores. Pelo mesmo motivo, provavelmente, os católicos que participaram das CEBs que conheci tornaram-se cada vez mais atuantes. Pela expansão da capacidade interpretativa. Esta é a hipótese que eu arrisco.

Costumo dizer que minha geração é a última no Brasil a ter lido, muito, a literatura de Monteiro Lobato para crianças. Por vários motivos — que não cabe aqui discutir —, hoje em dia as crianças não lêem mais Lobato. É lamentável este fato. Talvez nenhum outro autor brasileiro tenha conseguido confiar tanto na capacidade de os jovens se assenhorearem da cultura que lhes antecedeu. A maestria com que Lobato misturava mitologia, ficção científica, conto maravilhoso, cinema, não tem igual. Sua opção por fazer da criança herói e, portanto, sujeito do que era narrado deve ter influenciado em muito a formação de seus leitores.

Apesar de Monteiro Lobato ser um marco, ou até talvez por isso, entre outros fatores, temos hoje no Brasil uma literatura, para crianças, da mais alta qualidade. Existem títulos para todos os gostos e necessidades. As escolas adotam livros, muitas delas possuem bibliotecas — insuficientemente aparelhadas, é verdade, mas bibliotecas. Existem também as bibliotecas públicas espalhadas pelo país que oferecem, umas mais, outras menos, títulos que estariam dentro de um horizonte de leitura infantil. As condições de acesso à literatura e à arte, de uma maneira geral, estão muito longe do necessário, mas a família não usufrui o suficiente mesmo quando é possível o acesso.

Considero que a leitura é a habilidade de "ler" situações, objetos, livros, afetos. A família é fundamental na construção dessa habilidade, que é fruto da aprendizagem, da iniciação. Quanto mais oportunidades uma criança tem de ouvir, ver, sentir leituras alheias, maior será sua sensibilidade interpretativa. Uma criança que entra na escola habituada a ouvir histórias, a debater histórias, a contar suas próprias histórias estará muito mais apta a absorver a cultura letrada e a interagir com ela do que outra a quem sua família não tenha oferecido essas oportunidades.

É uma questão de reconhecer como seu o acervo de vivências da família e da comunidade, aqui entendida no sentido amplo, do mais próximo ao mais distante. Do bairro em que se mora aos antepassados que inventaram a escrita, dos descobridores europeus aos donos da terra, as até hoje massacradas nações indígenas.

Não basta oferecer ao jovem, à criança. o acervo. Quer seja por meio de livros, vídeos, jornais ou relatos orais. Existe uma produção de leitura, uma produção de sentido para aquilo que se lê e esta produção, para ser bem-sucedida, na família e na escola, depende da garantia de um clima de liberdade e prazer.

Quando a leitura é uma necessidade, um "gosto" apreciado no ambiente em que a criança vive, se é partilhada, usufruída em comum, a criança desenvolverá, o quanto puder, a capacidade de ler, mesmo que ainda não conheça, não domine a letra, a palavra escrita. Onde os livros são amados e desejados como companhia, como matéria se sonho, de divertimento, de emoção pelas pessoas que a criança ama, ela terá curiosidade de "ler" aquele objeto tão apreciado por aqueles que ela aprecia.

Ninguém precisa obrigar uma criança, criada no meio de leitores, a ler. Não é necessário que se estabeleça metas ou que se prometa "notas", prêmios, castigos. É redundante elogiar a importância da leitura para aqueles que se acostumam a ouvir histórias na hora de dormir.

É fato que existem casos de filhos de grandes leitores que não lêem. Livros. Mas apreciam outras formas de linguagem. Cinema, teatro, televisão, música, dança. Geralmente, são capazes de lidar de forma criativa com elas.

Penso que a influência da narrativa por meio de imagens tem sido encarada com um certo exagero, especialmente o gibi e a televisão. Realmente, o geral da programação televisiva não é de grande qualidade, para se usar um parâmetro generoso. Excesso de cenas de violência, notícias distorcidas, sensacionalismo, são problemas graves dessa programação. Milhares (talvez milhões) de crianças passam um longo período sentadas diante da televisão e este não pode ser considerado um hábito saudável. As histórias em quadrinhos muitas vezes reforçam estereótipos, preconceitos, além de utilizarem, algumas, um vocabulário pobre. Ocorre que tudo isto pode ser usado como matéria de discussão no interior da família. E na escola.

Condenar ou censurar a TV e o gibi é perda de tempo. Não existe eficiência em tal atitude . É preferível assistir junto com os filhos um filme de "Rambo" opinando sobre os valores implícitos em tal narrativa, a repetição de esquemas velhos e preconceituosos. O mesmo vale para a telenovela e o desenho animado.

Voltemos ao exemplo. A criança escuta histórias, quer sejam de fadas, assombrações ou da vida. A criança cria histórias em seus brinquedos. Assiste aos adultos, com quem convive, discutirem o que acontece no dia-a-dia. Assim, ela aprende a ler e se formar leitor e cidadão. O ser capaz de se comunicar com o mundo interno e externo a ele. Alguém capaz de fazer suas próprias opções.

A leitura da ficção

As noções de ficção e realidade não são coisas que se oponham. Ao contrário, se complementam. Quando uma pessoa lê ou ouve um texto de ficção, está ouvindo ou lendo alguma coisa sobre a realidade, uma visão da realidade, a do texto, quem sabe a do autor do texto, a visão da época em que o texto foi escrito. Na leitura ocorrem dois tipos de interseção: entre o texto e a realidade a que ele se refere e entre o texto e o leitor. As histórias ficcionais se distinguem de uma notícia de jornal, por exemplo, pela ausência de compromisso com a realidade, embora todos nós saibamos que notícias podem ser manipuladas, podem apresentar apenas versão dos fatos, podem ser fabricadas, inclusive.

Tomemos, por exemplo, uma história em quadrinhos chamada *Os doze trabalhos de Mônica*, de Maurício de Souza. Além de se referir a uma "realidade" ficcional criada pelo autor, Mônica e seus amigos, o gibi também se refere a um episódio da mitologia grega: os Doze Trabalhos de Hércules. Se a criança conhece a Mônica, mas nunca ouviu falar em Hércules, sua interação com a história será uma. Conhecendo um pouco de mitologia, será outra. Tendo lido *Os doze trabalhos de Hércules*, de Monteiro Lobato, a interação será de um terceiro tipo.

Decorre daí uma questão importante: a interação entre texto e leitor será mais abrangente dependendo do acervo de leituras do mesmo, e esse acervo é adquirido por meio da socialização. O mesmo vale para qualquer produção artística e cultural: é mais provável que uma criança filha de sambistas, que assista a ensaios de escolas de samba desde pequena, torne-se passista de escola-mirim do que outra que só assiste desfiles na televisão. O acervo da primeira em relação a este tipo de manifestação cultural é muito maior.

O texto ficcional apresenta outras características importantes para que se estabeleça uma comunicação com o leitor. Existem expectativas quando se começa a ouvir ou ler um texto ficcional. De novo o exemplo: uma criança escuta, pela primeira vez, a história "A roupa nova do rei". Qual seria a provável expectativa? Que, de início, algum adulto sensato desmascarasse os dois vigaristas. Não existe fio, não existe tecido, o livro informa isto e não ocorre o que se espera. Todos se deixam enganar, por interesses variados, até que, no final, é o olhar de uma criança que denuncia a vaidade e a pusilanimidade da sociedade adulta. O não compromisso com a realidade — apesar da utilização de elementos dela: governantes, funcionários públicos, roupas etc. — é o que permite que as expectativas iniciais sejam frustradas e que se construa um final inesperado para quem lê pela primeira vez. A tensão de descobrir a solução para o contexto criado ficcionalmente, a frustração das expectativas iniciais, ou sua modificação no decorrer da leitura são atrativos do texto. Não apenas o literário. Se as expectativas iniciais fossem confirmadas, qualquer filme ou livro acabaria nos primeiros dez, vinte minutos.

É importante também notar que há no texto uma parte não escrita que permite que o leitor, ouvinte ou espectador, use sua imaginação. Qualquer que seja a idade. Por que só a criança percebe, durante o desfile, que o rei está nu? Algumas versões desta história atribuem à inocência da criança o desmascaramento da farsa. Embora, pessoalmente, eu não aprecie versões que explicitam a causa das atitudes das personagens, quero registrar aqui que não é provável que apenas uma criança estivesse presente ao tal desfile. Por que aquela criança e não outra? Isto não está escrito no texto, fica a critério do leitor arriscar sua interpretação deste fato.

Temos, então, as conseqüências práticas do hábito familiar de contar histórias para crianças pequenas, o hábito de debater histórias em família.

Em primeiro lugar, conforme o acervo de leitura de uma criança vai se expandindo, ela, gradualmente, vai comparando uma história a outra e outras e outras. Conversando sobre as histórias, perceberá que sua compreensão nem sempre coincide com a dos irmãos ou dos pais. Ela poderá imaginar uma personagem de forma completamente diferente do que outra pessoa imagina. Isto fica bem claro quando duas crianças desenham a partir de uma história ouvida.

Não dá para definir quantas histórias a criança precisa conhecer para iniciar este processo, o de começar a descobrir que em cada obra existem maneiras de selecionar e combinar elementos da realidade para compor o texto. "Chapeuzinho Vermelho." Ali está a mãe, a avó, uma menina ligeiramente desobediente, um lobo que fala, um caminho que oferece riscos.

Os óbvios elementos psicológicos de tal situação estão "por trás" do texto. São conhecidíssimos de qualquer criança que já se machucou em algum momento por desobedecer recomendações maternas. Nas várias versões do conto está uma trama onde os dados conhecidos da realidade — mãe, avó, caminho — são combinados com uma personagem que a criança sabe que não existe: o lobo que fala. Outra coisa interessante é que, aos poucos, inconscientemente, o leitor infantil descobrirá as diferenças entre as versões e, o que é mais importante, perceberá como autores de ficção recriam sentimentos vividos pela espécie humana, numa linguagem simbólica, num mundo de fantasia.

Com a aplicação de seu repertório, a criança terá condições de identificar as mil e uma formas de contar a mesma história, com uma diferença de tempo aqui, de espaço ali, sete irmãos ao invés de três, enfim, os grandes temas se repetindo em inúmeras variações.

Qual é a vantagem para uma criança perceber a relação entre os textos? A maior de todas é a criança descobrir que a narrativa não tem dono. Se Monteiro Lobato pode colocar a Emília para ajudar Hércules a realizar suas doze tarefas míticas, se Maurício de Souza imaginou a Mônica realizando ela própria doze difíceis empreitadas, qualquer um pode imaginar, criar, ousar. Inclusive a criança pequena. Ousar em desenhos, jogos, brinquedos e nas redações escolares. Ousar na vida.

Não é pequeno o papel que a família joga no desempenho criativo de seus filhos. Quanto maior for a quantidade e a diversidade de textos submetidos à apreciação de um jovem leitor, maiores serão suas chances de ampliar o já sabido, modificar conceitos, investigar a comunicação entre o que pensava ou sentia antes da leitura e depois.

A apreciação da obra de arte estabelece a oportunidade para o ser humano, por meio da identificação, se libertar dos interesses práticos do seu cotidiano. É fundamental que os pais e os adultos que lidam com crianças estejam atentos para essa qualidade da arte. Quem já contou histórias para ouvintes bem pequenos sabe que eles elegem uma determinada história. *Branca de Neve*, por hipótese, e insistem que ela seja contada dias seguidos, como se fosse a única que lhes interessasse. Quando crescem mais, continuam tendo suas histórias preferidas, mas a fixação por uma, sempre repetida, costuma diminuir. Não vem ao caso investigar as razões dessa preferência e sim respeitá-la. Algum motivo interno deve existir, algum tipo de identificação para que a criança prefira um conto e não outro.

Isto não ocorre apenas em relação à literatura, daí a utilização da expressão "obra de arte" no lugar de obra ou texto ficcional. A identificação, a libertação dos interesses imediatos para "viajar" na composição de outro, vale para a música, a pintura, o teatro, o cinema, a televisão. Evidente que é muito difícil determinar o que é "arte" e o que não é. O conceito muda de acordo com as épocas em que é usado, com o ambiente social e, principalmente, com a pessoa ou comunidade que recebe essa ou aquela obra.

Facilita muito a vida de quem se propõe a iniciar os filhos na apreciação da beleza, a ausência de atitudes preconcebidas em relação ao conceito do que é artístico ou não.

Faz parte da vida que os mais jovens prefiram gêneros literários, ou musicais, distintos dos preferidos por seus pais. Quanto mais cedo a família começar a partilhar do gosto estético, melhor. Quando os filhos chegarem à idade da diferença ou da necessária contestação do que lhes foi ensinado, já estarão com um acervo comum às gerações anteriores. Este acervo pode até ser momentaneamente abandonado — muito comum de acontecer na adolescência —, mas estará guardado em algum lugar do coração e da mente, pronto a ser utilizado quanto for necessário ou desejado.

Prazer, ética e estética

Adultos responsáveis por crianças, quer sejam seus pais ou não, cometem, às vezes, o equívoco de tentarem agir da forma que consideram correta, sem muita convicção. Internamente, eles não estão mobilizados para os valores que tentam transmitir ou para as atitudes que pretendem formar. A criança percebe sempre que existe alguma coisa falsa no ar, mesmo quando não sabe exatamente o que é. Ela recebe uma dupla mensagem: por um lado, o que o adulto recomenda que faça; por outro, o que ele faz a respeito daquilo.

Conheço muitos pais que reclamam que os filhos não lêem ou fazem longos discursos sobre a importância da leitura e que, no entanto, nunca levaram seus filhos a um passeio numa livraria ou biblioteca. São adultos que se informam sobre o que se passa no mundo por meio dos telejornais e, no máximo, conversas com amigos e, mesmo assim, almejam que seus filhos tenham uma postura aberta em relação à leitura. Eles acham certo que as crianças leiam, mas não sentem desejo, eles mesmos, de conhecerem o mundo dos livros.

Creio que este descompasso entre o que as pessoas acreditam que é seu dever transmitir às novas gerações e o que elas de verdade querem fazer é um dos maiores obstáculos à efetiva iniciação estética e ética dentro do lar. Como é possível formar seres humanos íntegros e independentes quando existe uma diferença tão grande entre a palavra e a ação? É, inclusive, uma coisa hipócrita se esperar de uma criança algo que o adulto não tem condições ou desejo de cumprir. Melhor fariam esses pais se fossem sinceros em relação às suas preferências. Torno a repetir, o livro não é o único objeto passível de leitura, entendida aqui como capacidade de interpretar a criação e expressão do indivíduo e de sua espécie.

O adulto que assume a criança como um interlocutor numa relação de afeto e sinceridade está oferecendo um modelo ético importantíssimo. Mesmo que não tenha o hábito de ler livros, será capaz de dividir com a criança outros espaços de beleza e prazer. Poderá não levá-la a uma biblioteca ou livraria, mas talvez a acompanhe ao cinema e comente o filme depois. Ou, quem sabe, compare a trama de uma telenovela com histórias ou "causos" que escutou na infância, a semelhança de determinadas personagens com pessoas conhecidas. Poderá também introduzi-la no mundo da informática, se for um adulto que considere atraente a linguagem da computação. Levá-la a partilhar de seu gosto por música ou teatro. Enfim, assumindo, de forma sincera, o que para si é um prazer, o adulto estará mais facilmente formando um leitor, no sentido amplo, do que se insistir no esforço, além de tudo inútil, de convencer uma criança a praticar uma coisa que, à sua volta, ninguém faz.

O ideal seria que todos, grandes e pequenos, tivessem acesso às diferentes formas de cultura. Esta não é uma tarefa exclusiva da família, evidente. Cabe também à escola e ao Estado.

A capacidade de identificar, de interpretar e usufruir da beleza é essencial à dignidade humana. Não se trata apenas de preencher a mente de uma criança com ofertas de belos produtos, livros, filmes, peças de teatro, música, passeios culturais. O que está em jogo quando se fala em iniciação estética, quando se fala em formar leitores, é a possibilidade de achar a beleza no mundo. É o desejo de viver a beleza, contar com ela à sua volta, descobri-la quando aparentemente tudo está perdido.

O filme *Em nome do pai* tem uma cena bem ilustrativa da importância do belo em momentos cruciais da existência. Pai e filho, dois irlandeses, estão presos na Inglaterra, injustamente acusados de terrorismo. O pai é um homem já alquebrado, que a prisão acaba por destruir. Em determinado ponto do filme, ele morre, e ao filho não é concedido o direito de acompanhá-lo nos últimos momentos de sua existência. Numa situação de absoluto desespero, o rapaz, trancafiado numa cela, recebe um consolo inesperado: outros prisioneiros — estupradores, assassinos, usuários de drogas — queimam pequenos pedaços de jornal e jogam-nos pelas janelas de suas celas. Toda a muralha da prisão se ilumina, como se centenas de velas tivessem sido acesas pelo descanso eterno daquele que se foi.

Em nome do pai é um filme baseado em fatos reais, no relato de Gerard Conlon, o filho. A cena pode não ser verdadeira, mas é uma cena possível de ter acontecido. Por isso ela comove quando é vista no cinema. Quem a vê reconhece que este tipo de gesto, o de prestar uma última homenagem por meio da beleza, é, muitas vezes, a única alternativa num momento de intenso sofrimento.

A principal vantagem de se aprender, de pequeno, tudo que os mais velhos têm a ensinar sobre a beleza na vida e na arte é que se cresce um adulto mais exigente.

Esta é uma herança importante para se deixar aos filhos. É, inclusive, a herança dos velhos rituais ligados ao nascimento, ao casamento e à morte. Por que aceitar uma vida que, além de dura, é feia? Cidades destruídas pela ganância de uns e a incompetência de outros, escolas tediosas, serviços de baixa qualidade, uma lista infindável de pequenos, médios e grandes desrespeitos ao cidadão?

O adulto capaz de interpretar o que vê à sua volta e que considera seu direito ao prazer e à beleza tão vital como seu direito à comida e à moradia tem mais dificuldade de suportar este estado de coisas. A insatisfação vem daí e é muito positiva. Da insatisfação surge o desejo de mudança, a esperança de mudar. A família que forma um leitor forma, também, alguém com mais chances de estar convencido do seu direito de usufruir do prazer e da beleza. Não é pouca coisa.

Aqueles que se acostumam a aceitar passivamente tudo à sua volta, os que não têm acesso à fantasia, à interpretação, à esperança correm um risco muito maior de se acomodarem e, o que é pior, serem destruídos. Estou convencida de que só se luta pelo que se conhece. E pelo que se reconhece como direito seu. É difícil para alguém que nunca teve direito à comida, à diversão e à arte compreender a importância de lutar por essas coisas.

A tendência das pessoas é garantir apenas o essencial à sobrevivência quando elas não têm uma memória de prazeres mais abstratos. O direito a sonhar parece supérfluo àqueles que não foram ensinados a lidar com a fantasia. Muito triste é um mundo em que tantos são privados deste prazer fundamental. Se não fosse a esperança de, um dia, ver esta situação modificada, a vida se tornaria insuportável.

Não acredito que a leitura, no seu sentido mais amplo, seja uma garantia de felicidade ou de sucesso. É impossível para qualquer família, para qualquer adulto responsável por uma criança, ter controle sobre as circunstâncias do futuro. O que eleva e o que abate um ser humano em sua trajetória não é previsível, pertence à esfera do imponderável. Por esse motivo, escrevi acima que a vida é muito dura, sempre. Mas um ser humano capaz de preferir o prazer e a beleza terá mais chances de encontrá-los em seu caminho.

As idéias expostas anteriormente, sobre a família e a formação do leitor, são, na minha opinião, a base para uma Pedagogia da Imaginação centrada na criança, no jovem, no exercício da cidadania. Mesmo que a família não exerça seu papel de iniciadora, algum adulto responsável pode fazê-lo.

Nos meus estudos sobre autoria individual e coletiva que se concretizaram na tese de doutorado em 1997 e em todos os projetos de Pedagogia da Imaginação que criei ou participei de 1995 para cá, a única experiência que não acompanhei no uso da ficção como jogo foi em contexto familiar. Como profissional, como estudiosa, já que minha experiência familiar é muito rica nesse terreno.

Não é pequena a importância da família na iniciação estética dos jovens. Escrevi um texto, em meados de 1994, sobre esta influência. O texto foi publicado pela Fundação Biblioteca Nacional, na Coleção Ler & Fazer, do Proler/Casa da Leitura, esgotou-se e não foi mais editado. Trouxe o texto para este capítulo porque acredito que essas idéias são essenciais.

Falta a nossa sociedade como um todo — não só às famílias — um projeto pedagógico voltado para a imaginação. Os grupos que jogam RPG estão inseridos neste contexto. Os jogadores, numa certa medida, representam até um nicho privilegiado, porque, atendidos na necessidade de imaginar pela indústria cultural, praticam, pelo menos, a ficção em grupo. Falta, no entanto, literatura na formação desses jogadores. Não literatura para se contrapor ao jogo, e sim literatura para embasar o lúdico e a vida.

De 1992 a 2002, ministrei várias oficinas de leitura e produção de texto para professores do Programa Leia Brasil, patrocinado pela Petrobras, e escrevi alguns textos teóricos para serem debatidos entre os professores. Um deles dizia respeito às condições para se formar escritores.

O texto começava por partilhar uma série de dúvidas que hoje para mim são certezas. Existem mais leitores do que escritores. É mais fácil aprender a ler do que a escrever. É possível usar a leitura e a escrita automaticamente, e, no automático, mascar limites de visão e atuação.

Leitora quase que compulsiva, escritora, doutora em literatura e co-inventora do jogo "Autoria" de criar histórias, sempre me intrigou a dificuldade de contar histórias demonstrada por um grande número de pessoas. Esta dificuldade é maior quando as histórias precisam ser escritas.

Durante muito tempo, acreditei que bastava uma boa iniciação à leitura para que todos pudessem expressar livremente seu potencial criativo.

Transformado em leitor pelo contato com o produzido pela imaginação alheia, o ser humano seria sujeito de sua própria obra. As redações, a correspondência, os relatórios seriam mais coerentes, mais coesos, teriam mais beleza. Hoje sei que isto não é verdade.

A formação do leitor para levá-lo à escrita é um processo mais complexo. E, talvez, mais misterioso. Não estou aqui me referindo às pessoas que apresentam um alto potencial de inteligência para a linguagem como alguns para a música.

Meu questionamento dirige-se à maioria dos seres saudáveis com experiências, dores e alegrias comuns à espécie. Com uma capacidade íntegra de compreender a língua materna e dominar suas regras.

Por que, mesmo quando são leitores sensíveis, essas pessoas não se expressam por meio da escrita? Por que não conseguem escrever uma história ou mesmo contá-la com clareza de forma a produzir prazer, terror, riso ou compaixão em outros?

Conheço dezenas de leitores que confessam não conseguir escrever. Amam o texto literário, mas fazer ficção lhes parece uma tarefa impossível. Alguns alegam ser esta uma atividade para eleitos, iluminados, gente dotada de um talento acima do comum. Outros imaginam os escritores como pessoas que detêm o privilégio de estudar o texto, burilá-lo em condições ideais e prometem a si mesmos que um dia "quando se aposentarem, ganharem na loteria ou tirarem longas férias" imitarão. Para os dois grupos, a maioria das vezes, escrever — mesmo um texto pragmático, relatório, carta, ofício — é um esforço assombroso. Fazê-lo com facilidade, um dom.

Depois de estudar a produção de texto coletiva, interativa e instantânea dos jogos de representação (RPG) praticados por jovens, ter contribuído para a criação de um jogo de criar histórias e me dedicar, desde 1993, a projetos de Pedagogia da Imaginação, cheguei a duas conclusões: escreve o leitor que se mostra e escreve o leitor que domina os segredos da máquina narrativa.

Escreve o leitor que se arrisca à exposição. O leitor que não teme (em excesso, pelo menos) a rejeição ou aquele que precisa da companhia, do aplauso, da apreciação de alguém que o leia.

Esta é a condição essencial, apesar de não ser exclusiva. Quem não tem desejo ou coragem de se expor pode até saber como se escreve, mas evita.

Quem teme a crítica ou a rejeição tem dificuldade de escrever, comprovar, assinar embaixo de suas idéias, sentimentos ou situações e falas, frutos da imaginação.

Na minha experiência, porém, existe uma outra vertente que é a daqueles que não precisam contar. Estão bem falando o que viram, sentem ou pensam. São atores. Ou estão bem ouvindo, assistindo a imaginação dos outros. São platéia, numa boa, como se diz, ou estão no palco da oralidade. São contadores de "causos", oradores, até brilhantes.

O escritor é o leitor que escolhe registrar suas idéias, sentimentos, a partir do palco e não da platéia. Ele é platéia dos outros autores, mas se acha no direito de se expor também na arena. Talvez não seja nem uma questão de direito e sim de compulsão. É um leitor que precisa recriar o que leu, viu, ouviu (como, aliás, todos os leitores o fazem no processo de produção de sentido). Precisa mais: se arriscar aos aplausos ou vaias exibindo sua recriação.

O aluno que escreve e o escritor profissional

Estimular a formação do aluno leitor e formar o aluno que escreve são obrigações da escola, é claro. A rigor, obrigação da família, da sociedade, da escola.

Todo ser humano saudável é capaz de contar uma história, a partir de certa idade. Todo ser humano saudável e letrado deveria ser capaz de contar histórias próximas a sua experiência pessoal.

Não é isto que acontece numa sociedade desigual como a sociedade brasileira, por inúmeros motivos, inclusive porque os adultos responsáveis pela formação de crianças e jovens (inclusive os professores) muitas vezes não sabem como fazer surgir o aluno que escreve.

Os passos são simples, na verdade. Eu diria mesmo que bastam três coisas para que um ser humano saudável e letrado escreva. A primeira é uma base de histórias, uma caixa, um cofre, uma cesta, um livro de histórias. Foi feita a explicitação deste passo no início do capítulo, em "A família e a formação do autor (leitor)" e não vou repetir. O importante é que o aprendiz tenha acesso a exemplos de histórias que inspirem o desejo de recontar, para que se estabeleça um modelo de narrativa.

O segundo passo não depende de objetos, depende de pessoas. É necessário que se crie um clima de confiança para que o que for criado pelo aprendiz que escreve seja partilhado. A reação às primeiras criações mostradas em público é muito importante. É o que estabelece a confiança no direito inalienável de contar e recontar histórias.

Clima de confiança significa platéia generosa e sincera. Ou seja, público que aplaude, critica e debate as histórias lidas pelos candidatos a aluno que escreve. Quem se expõe deve aprender que nem só de aplausos se vive, mas quem critica (aprendiz também) precisa aprender a fazer críticas substantivas, nem hostis, nem vazias. Não valem epítetos como "bobagem" ou "maneiro".

O professor é peça fundamental na formação desta platéia, mas precisa ser sincero. O ideal mesmo é que os treinamentos, capacitações, vivências, formações continuadas incorporem atividades, técnicas que levem o professor a escrever. O adulto que é boa platéia — ou bom formador de platéias — muitas vezes passou pela experiência de mostrar sua produção de texto para um público generoso. Se existe experiência anterior (e boa experiência), é mais fácil a sinceridade de sentimentos que estimula quem escreve a escrever mais.

O terceiro passo é mais trabalhoso. Alguém precisa guiar o aprendiz no entendimento de como funciona a máquina narrativa. Isto é uma questão de iniciação mesmo. Desde a *Poética* de Aristóteles que modelos pelos quais os enredos são montados fazem parte da preocupação de artistas e estudiosos.

Alguns dirão que histórias eram contadas antes de a *Poética* teorizar sobre elas. É verdade. Histórias eram contadas, inclusive, antes da invenção da escrita. Oralmente. Claro que milhares de histórias se perderam por falta de registro, outro tanto desapareceu pela desaprovação das platéias ao esforço de seus autores, e as que permaneceram porque são modelos de como se conta uma história. Daí servirem de exemplo de estudo para Aristóteles, Propp, Todorov, Campbell.

É óbvio que grandes escritores se formaram em famílias opressoras, escolas opressoras, regimes políticos idem. Alguns irão atrás de literatura e de publicar sua literatura mesmo que canhões busquem impedir. Mas estes fazem parte da minoria dos resistentes, aqueles que lerão mesmo que tentem colocar uma venda em seus olhos ou amarrem suas mãos. Para cada um que tem dentro de si a compulsão de escrever, milhares serão sufocados pela falta de condições de desenvolverem esta forma de comunicação humana.

Não é impossível, também, escrever histórias sem modelos, sem repertório, sem acesso à enciclopédia cultural. Dizem. É verdade que seria uma situação radical de *Mogli, o menino lobo* sem nenhum contato com a cultura humana. Tenho certeza, no entanto, que algumas pessoas conseguem escrever com poucos modelos, poucas histórias ou exemplos de vida.

Alguns seres humanos parecem ter a estrutura inteira da narrativa dentro de si (ou da música, da pintura, da ciência). Por isso são considerados gênios ou superdotados. São vários os exemplos de escritores que, aparentemente, aprenderam a escrever sozinhos, sem escola, professor, mestre que os guiassem, sem método. Será? Meu pai, Nelson Rodrigues, é citado por alguns como exemplo de escritor autodidata. Não sei não. Ele era filho de um jornalista experiente, e experiente em iniciar os próprios filhos na escrita jornalística. Meu pai viveu, portanto, entre gente que escrevia e criticava diariamente a escrita de seus pares, no caso, irmãos. Outra coisa, meu pai cobria delegacia, fazia reportagem policial, lia folhetins de Michel Zevaco com as tenebrosas intrigas da corte de Catarina de Médicis. Autodidata, talvez não, mas certamente a necessidade de se expor e a capacidade extraordinária de sintetizar experiências em histórias eram suas obsessões.

Penso que um grave obstáculo à expressão escrita (e isto vale para alunos de qualquer nível e para candidatos a escritor profissional) é que a maioria das pessoas não acredita ter o direito à imaginação, ao exercício da beleza a partir de histórias contadas e recontadas. A não ser no faz-de-conta infantil, nas brincadeiras de "casinha" ou de "polícia e ladrão". Depois destes breves anos, as pessoas aprendem, na escola e na vida, coisas sérias para passar de ano, trabalhar, casar, constituir família.

A ficção se torna uma atividade à parte, na qual serão incluídas pelos outros os artistas, atores, escritores, roteiristas de cinema ou telenovelas. Com sorte, se existir uma iniciação anterior, essas pessoas se tornarão leitores. Escreverão com maior ou menor dificuldade textos aos quais atribuirão a categoria de realidade. No trabalho, na correspondência entre amigos ou familiares.

É preciso que se incorpore à formação de leitores o conceito de invenção do real. O Rio de Janeiro em *Dom Casmurro* era o Rio "inventado" por

Machado de Assis. Da mesma forma, se uma recém-casada retrata em carta a sua melhor amiga os melindres da sogra, trata-se de uma sogra inventada também, as cores serão mais ou menos favoráveis dependendo do relacionamento entre as duas e a confiança entre a remetente e a destinatária.

A diferença principal, na minha opinião, entre a hipotética nora e Machado de Assis é que este tinha a certeza de que alguém perceberia a originalidade do seu Rio de Janeiro e das personagens e sentimentos que ali colocava a circular. Se esta certeza não existia dentro dele, existia pelo menos a necessidade de encontrar e encantar o leitor. O direito de conquistar um interlocutor para sua obra. A noção de que seria capaz de recontar a trajetória de um ciumento, mesmo que Homero ou Shakespeare tivesse feito antes dele.

Escritores têm, em comum, esta convicção. Acreditam ter algo a dizer e alguém esperando, desejando ouvir. Ler. Por isso, na minha opinião, escritores publicam. Mesmo que precisem se expor às críticas, fazer concessões. Mesmo que recorram ao baú das lembranças familiares, à denúncia dos ex-amores e amigos. À fofoca, portanto. Correndo o risco de imitar, mal, seus autores preferidos.

Acredito que garantindo estes três passos — acervo básico, platéia inicial sensibilizada e iniciação competente — se terá o aprendiz que escreve. Alunos escrevendo. Isto é mais do que uma crença. De 1998 para cá, a utilização do jogo "Autoria" em sala de aula mostrou que é muito mais fácil iniciar o aluno à escrita e qualificar a leitura de literatura quando se aplica a Pedagogia da Imaginação como método.

É fácil porque reunimos um banco de quinze histórias em dois tempos de aula, e uma turma dividida em grupos de sete estudantes jogando a mesma história cria enredos completamente diferentes. A mesma história, as mesmas perguntas de enredo, as mesmas etapas da narrativa jogadas segundo as mesmas regras, cinco grupos, cinco enredos completamente diferentes. Primeira conclusão de alunos de dez a cinqüenta anos: Escolha é tudo na narrativa. Escolhas determinam as diferenças, as ações e as falas das personagens. Aprofundam as diferenças, as reações de algumas personagens a outras. Definem trajetórias.

Além do banco de histórias, "Autoria" traz um naipe de enredo, um de etapas da narrativas e indicações sobre Segredo Inconfessável. A cartela de personagens do jogo "Autoria" segue o proposto por Propp. O naipe de etapas resume as trinta e uma ações de Propp, mas incorpora a visão de Todorov de que as ações são na verdade cinco com Auxílio e Obstáculo se repetindo como etapas não essenciais, porém recorrentes e necessárias para ampliar o enredo, intensificar a emoção, o suspense. O item Segredo Inconfessável também funciona para "afinar" a criação das personagens.

Quando o professor (ou outro formador responsável pela aplicação do método "Autoria") apresenta em seguida a uma roda de jogo uma obra profissional — *cult* ou *pop*, mas reconhecida como ficção profissional — criada a partir da mesma história jogada pelos grupos, o efeito é imediato. Não conheço nenhum caso em que as pessoas não se descubram como autoras. O efeito sobre a auto-estima e o senso crítico é instantâneo em maior ou menor grau. Afinal, o grupo imaginou e construiu uma "obra" de ficção da mesma maneira que o escritor ou roteirista e diretor de um filme. No debate, ficam claras as articulações, soluções, extensão da obra profissional em comparação com criação instantânea. Segunda conclusão: todos somos autores. Terceira conclusão: autoria depende de experiência e competência, não só de talento ou imaginação.

É preciso ter em conta uma quarta questão. A continuidade do esforço autoral. Continuidade no sentido da qualificação da leitura de obras alheias, não só como crítica mas como descoberta da maneira como a obra foi articulada. Na leitura da própria criação. No esforço de tomar distância e perceber a força e a fraqueza do que foi imaginado, inventado. Acima de tudo, a insistência autoral. Escrever, reescrever, observar, contar, contar, contar.

Mais uma vez, facilita bastante usar os naipes do jogo "Autoria". Como base e como guia para a criação. Se depois de jogar sem anotar, o estudante, o professor, o candidato a escritor refizerem o caminho das cartelas de personagens, o naipe de etapas da narrativas fazendo escolhas diferentes e escrever as mudanças de opção o salto criativo será grande. E gratificante.

O resto é talento sim, mas principalmente trabalho. E maturidade e mais trabalho. E lucidez e mais trabalho. A quantidade de trabalho ou de lucidez vai variar pelo objetivo. O aluno que escreve pode ter como meta boas redações. O candidato a escritor, uma coletânea de contos, um romance, um livro. Muda o tamanho, mas muda também a quantidade de leitores que se pretende atingir.

Para que este trabalho seja bem feito na escola é importante que se determine, antes de tudo, de que horizonte de leitura e expectativa em relação à escrita o estudante parte.

Quem ensina, no entanto, professora ou professor, não está acostumado a pensar no que gosta ou no que não gosta em termos de narrativa, e muito menos porque gosta. Esta é uma observação importante e permanente que tenho feito em todas as aplicações de Pedagogia da Imaginação feitas com professores usando o método *Autoria*.

Professores regentes costumam entender que ensinar a escrever é exercitar a criatividade usando técnicas de estímulo à redação. Não é.

A iniciação à autoria e à escrita começa por conhecer as leituras, os hábitos e as preferências das pessoas em relação às histórias lidas, ouvidas, vistas anteriormente.

Sempre pergunto aos professores com quem trabalho o que gostam de ler antes de iniciar qualquer demonstração do *Autoria* e antes de qualquer discussão teórica. As pessoas custam um pouco a dizer abertamente "Não leio porque falta vontade", "Só leio leitura técnica", "Gosto mesmo é de gibi de banca de jornal".

Pergunto a cada um dos professores regentes sobre seus hábitos e preferências de leitura para a *determinação do horizonte de expectativa* e *horizonte de leitura*. Minha expectativa explicitada para os professores, depois do exercício, é a de que o mesmo seja feito com os alunos antes de trabalhar qualquer conteúdo oficial.

Para a Estética da Recepção, premissa teórica das oficinas do método *Autoria*, existe um horizonte progressivo de leitura que, no processo de percepção estética do leitor, vai se ampliando no rumo da construção do sentido que busca encontrar o significado completo do texto. Isto vale para o texto que se lê e para o texto que se escreve.

Conhecendo o que o aluno gosta de ler e o que conhece de leitura, o professor poderá atender, primeiro, ao horizonte de expectativa do(s) aluno(s) para depois ampliá-lo. O atendimento e a ampliação do horizonte permitirão, no decorrer do trabalho, a descoberta das marcas da produção textual. Neste ponto é que entra a utilização do jogo *Autoria* em sala de aula.

Os alunos jogam o *Autoria*, constroem uma história em grupo e, a partir daí, têm a oportunidade de descobrir nos seus livros, filmes, desenhos animados, telenovelas, gibis os caminhos da produção de texto percorridos pelos autores dessas histórias.

É diferente a forma de utilizar o *Autoria* nos casos em que as pessoas já escrevem, mas querem escrever para publicar, escrever como profissão.

No caso do escritor profissional, o esforço de sedução do leitor é diferente, inclusive porque é um leitor que não se vê e para chegar até ele existe uma longa cadeia industrial a ser percorrida.

Aqui vale a pena contar um pouco da aplicação do jogo *Autoria* nas oficinas literárias "Quero Ser Escritor". Pessoas adultas que escrevem há muito para a "gaveta" tomam conhecimento das oficinas por notícias na imprensa ou pelo site www.autoria.com.br e se inscrevem, compram o jogo e participam dos grupos de criação. Ou participam dos concursos literários promovidos pelo site.

O jogo "Autoria" é uma ferramenta poderosa para formar um escritor ou para otimizar o trabalho de um escritor profissional. Eu mesma escrevi seis livros de literatura para a Formato Editorial — os títulos da Coleção Reconstruir — com muito mais facilidade usando o *Autoria* do que os outros dezessete livros que escrevi sem usá-lo.

A aplicação do método *Autoria* na formação de escritores profissionais esbarra, no entanto, em alguns obstáculos materiais e de mentalidade. O primeiro é a dificuldade de publicação, a dificuldade de atingir o leitor que desanima muitos dos que se propõe a seguir a carreira de escritor.

Um outro obstáculo é a crença de que escrever é um dom, um talento que nasce pronto. O terceiro, decorrente talvez do anterior, é uma certa resistência a aprender técnicas. Estes dois obstáculos costumam atrapalhar algumas pessoas bastante talentosas. Esta resistência toma a feição de preguiça de ler, assistir, comentar obras alheias. Resistência e preguiça comprometem o clima do qual falei anteriormente como uma das premissas para escrever histórias.

O mais interessante é que a resistência ao esforço continuado é mais evidente entre adultos do que entre crianças e jovens. Talvez porque o adulto queira publicar e o estudante ou participante de rodas de jogo em ambientes culturais compreenda que está adquirindo um conhecimento sem obrigações imediatas de sucesso profissional.

A via-crúcis do escritor profissional não é objeto desta reflexão. Quero apenas chamar a atenção de que ao direito de se expor como artista correspondem os deveres do aperfeiçoamento.

Do ponto de vista do estudante, do aprendiz, estou convencida de que não basta formar uma sociedade leitora. É preciso que ousemos mais. É urgente democratizar os segredos da narrativa. Criar espaços onde leigos, de qualquer idade, se manifestem livremente como autores. Socializar a idéia de que a leitura e a escrita como instrumentos de imaginação são direitos, prazer, arma de combate, caminho de redenção, troféu da condição humana.

Qualquer escritor sabe que a imaginação concretizada no texto tem estes poderes. De Homero a Woody Allen.

Só não o sabem, ainda, os milhões de estudantes que se digladiam com dissertações que não conseguem transmitir seus pontos de vista. Os apaixonados incapazes de colocar no papel o calor dos seus sentimentos. Os solitários impedidos de estabelecerem contato por meio da escrita. As vítimas sem possibilidade de defesa ou de vingança pela palavra.

Criar histórias, contar histórias, escrever histórias é um exercício de prazer e cidadania. É mais do que ser leitor, porque é a competência de comunicar pensamentos, sentimentos, derrotas, conquistas. Leituras. Ser autor — aprendiz ou profissional — é dominar a palavra, em qualquer nível, de acordo com o desejo e as possibilidades.

(Escrito a partir de texto publicado pela primeira vez em *A formação do leitor, pontos de vista*. Programa Leia Brasil.)

A formação do professor como autor: uma necessidade

De 1998 a 2004, o jogo "Autoria" percorreu um longo caminho. Do *Roleplaying Game* norte-americano à Pedagogia da Imaginação *made in Brazil*. Hoje, acho que podemos dizer que existe uma Tecnologia Autoria de Criar Histórias. Como um processo aplicável a qualquer realidade, escolar ou não, com objetivo de resgate de memórias de indivíduos e comunidades. Como processo de qualificação de leituras de literatura no sentido de entender como as narrativas são feitas. Como metodologia de produção de narrativas por aprendizes ou profissionais da escrita. Como metodologia de produção de textos críticos a partir de leituras de narrativas alheias.

Como o software *Autoria online*, onde sete jogadores criam histórias em tempo real, com personagens em 3D e quatro cenários, e a possibilidade de 100 pessoas assistirem na *platéia* à partida. O software será lançado em breve ao público.

Sintetizando o que foi exposto até agora, do ponto de vista de proposta metodológica, o que hoje intitulo Tecnologia Autoria de Criar Histórias tem como premissa teórica a *Poética* de Aristóteles e os estudos de Propp e Todorov sobre os elementos e etapas da narrativa.

Do ponto de vista da iniciação na leitura qualificada e na produção de texto, a Tecnologia Autoria de Criar Histórias se reporta à Estética da Recepção — escola de teoria da literatura que privilegia o leitor como construtor de sentido da obra literária.

Quando a aplicação da Tecnologia Autoria se dá através da Internet, nos projetos educacionais, ocorre a combinação de teoria e interatividade, leitura de literatura e uso do computador, autoria individual com autoria coletiva, em ambiente virtual e tempo real.

A partir de janeiro de 2004, a versão *Autoria* da Pedagogia da Imaginação ganhou mais uma aplicação importante. Como consultoria, fornecendo conteúdo on-line sobre autoria individual e coletiva para o portal do Projeto Telemar Educação (PTE). Esta parceria é um novo nível do caminho que iniciei em 1993 quando comecei a estudar o RPG.

O Projeto Telemar Educação vem, desde 2000, criando salas de inclusão digital em escolas públicas de municípios de menor índice de desenvolvimento humano. O Instituto Telemar também mantém uma ONG chamada Kabum, no Rio de Janeiro. Em julho de 2003, Carlos Augusto Nazareth, escritor e educador artístico, resolveu usar o jogo "Autoria" em atividades de produção de texto com jovens atendidos em oficinas de criação na Kabum. O resultado foi muito bom, chegando um dos participantes, Fábio Vinícius, a fazer uma redação premiada com um computador pelo jornal *O Globo*.

No processo de utilização do *Autoria*, José Alberto Saraiva, do Instituto Telemar, passou um e-mail para mim e para Maurício Mota, perguntando como adquirir a "caixa de escrita".

Na época, apresentamos ao instituto todas as aplicações possíveis do *Autoria*. Como estávamos, eu e Maurício, realizando uma consultoria para o MEC e PNUD com a realização de oficinas para professores, acabou que o *Autoria* foi ponte para uma parceria entre o Instituto Telemar e o MEC.

As oficinas para professores atendidos pelo PTE aconteceram nos municípios de Duque de Caxias (RJ) e Recife (PE). Para professores da rede pública, em geral, aconteceram em Arroio dos Ratos (RS), Alegre (ES), Belém do Pará e Salvador (BA), numa parceria entre a Secretaria de Ensino Fundamental do MEC e as prefeituras. O Instituto Telemar doou duas mil caixas de uma edição especial do "Autoria", a partir de um protótipo mais simples, mais direto. Foram cinco caixas para a escola de cada professor participante do processo.

Por causa do projeto de 2003, apresentei uma proposta de consultoria para desenvolver, durante o ano de 2004, uma orientação on-line para os professores de 5ª à 8ª séries atendidos pelo Projeto Telemar Educação. A gerente do projeto, Samara Werner, e José Alberto Saraiva apostaram na implantação da Tecnologia Autoria de Criar Histórias em um ambiente novo dentro do portal do PTE em ambiente a ser criado pelas especialistas da Escola do Futuro da USP.

O objetivo desta consultoria será o de aplicação em sala de aula da Pedagogia da Imaginação usando a metodologia *Autoria*. O público-alvo: 1.679 professores de 5ª à 8ª séries das sessenta e sete escolas participantes do Projeto Telemar de Educação.

No portal do projeto, textos teóricos e atividades de estímulo à leitura qualificada para professores de qualquer disciplina, atividades de estímulo à escrita de narrativas para professores, atividades para capacitação do professor para iniciar o aluno na escrita de narrativas.

Uma última palavra antes de encerrar esta breve reflexão sobre o professor autor. Desde minhas primeiras leituras sobre Estética da Recepção, todas as oficinas que ministrei para professores procurei incluir atividade de Aferição do Horizonte de Leitura e de Expectativas em relação à escrita e avaliação do que mudou no coração e na mente dos participantes a partir das oficinas.

É importante que, na constituição de comunidades virtuais de professores leitores e autores, se identifique de onde se parte e aonde se chega. Para que o professor aja como alguém que inicia à arte da narrativa é preciso que o ele vivencie anteriormente este processo.

Posso afirmar, sem sombra de dúvida, por mais categórica que esta afirmativa possa parecer, que o nível mais autônomo de inserção na enciclopédia cultural é o que reconhece como as narrativas foram construídas a ponto de tornar o indivíduo capaz de construir sua própria. O experimento de contar histórias é uma vantagem do jogador de RPG. Ir além do exercício empírico é uma vantagem da aplicação da Tecnologia Autoria de Criar Histórias na escola.

Multiplicadores de autoria coletiva

Aplicar esta metodologia de criar histórias e qualificar leituras, aplicar o "Autoria" como ferramenta de produção de texto, de estímulo à escrita, em larga escala, num país com as dimensões do Brasil, só é possível on-line ou por meio dos Multiplicadores de Autoria Coletiva, os MAC.

No final de 2003, início de 2004, foi realizado no Rio de Janeiro, mais especificamente no porto do Rio de Janeiro, um projeto-piloto de criar histórias com o jogo *Autoria* em rodas de estivadores. Este projeto, coordenado por Maurício Mota, teve como monitores os filhos de estivadores que foram preparados com o jogo *Autoria*. Foram os primeiros Multiplicadores de Autoria Coletiva.

A idéia é usar esta experiência como base para realizar oficinas de leitura e produção de texto, para professores, mas conjugadas com oficinas para estudantes da 8ª série em diante, especialmente estudantes dos cursos de magistério. Esses estudantes, preparados para atuarem como Multiplicadores de Autoria Coletiva, poderiam atuar junto aos professores nas suas escolas ou em municípios vizinhos e na comunidade como animadores culturais e, até, pesquisadores das memórias coletivas.

É impressionante o efeito sobre mentalidade e atitude, o aumento da competência na comunicação interpessoal dos jovens que assumem o papel de Multiplicadores de Autoria Coletiva. Ainda é cedo para avaliar os resultados, ou melhor, não houve tempo ainda para avaliar a atuação desses jovens no resgate de memórias, no estímulo à criação de histórias na sua comunidade. Atuar como MAC, tenho certeza, contribui para que o estudante tenha acesso à enciclopédia cultural formada pelas histórias do seu povo e dos povos do mundo todo. Também contribui para a melhoria da comunicação interpessoal e da leitura do contexto social que cerca os participantes. Mais do que uma habilidade, a comunicação interpessoal competente é um direito. A forma mais qualificada de leitura é a que se dá quando o leitor se torna senhor, não só da história, mas, principalmente, das formas pelas quais se dá a autoria das histórias. Dominado o "como fazer" ou o "como foi feito", a leitura se torna um duplo prazer porque o leitor vai além do significado do texto; está pronto para escrever, contar sua própria história.

Quando este livro foi para o prelo, o projeto Multiplicadores de Autoria Coletiva não tinha ainda patrocinador, nem havia ainda uma decisão das autoridades educacionais consultadas sobre sua implantação na escola pública. Informações a respeito, no entanto, podem ser encontradas no blog do livro, no endereço www.rpgeapedagogiadaimaginacao.blogger.com.br.

A formação de platéia em comunidades à margem: um desafio

Na minha experiência como estudiosa de questões que envolvem a autoria individual e coletiva e na minha memória de militante política, cheguei à conclusão de que Hanibal Lecter, o psiquiatra canibal do *blockbuster* norte-americano *O silêncio dos inocentes*, tem razão ao parafrasear o imperador Marco Aurélio: cobiçamos o que vemos, cobiçamos o que conhecemos.

Este é um aspecto muito importante para se discutir Pedagogia da Imaginação e inclusão cultural no Brasil. Ou Pedagogia da Imaginação para a aceleração da aprendizagem e autoria em atividades de apoio ao letramento.

Quando um adolescente de família pobre rouba um tênis de marca de um adolescente de família rica, rouba porque deseja, cobiça o que conhece como símbolo de beleza, conforto, *status*. Não rouba um livro ou um jogo "Autoria" porque estas coisas não significam nada para ele.

Uma colega minha de faculdade roubava livros nas livrarias. A família dela tinha uma situação confortável, a atitude era mais de diversão/delinqüência/vontade de correr riscos, mas ela não roubava batom ou rímel importado. Não lhe apetecia.

"Autoria" é o caminho mais rápido para tornar livros, filmes, peças de teatro, narrativas escritas objeto do desejo de indivíduos que estão fora da enciclopédia cultural. "A gente quer diversão e arte" vale para a classe média que associa arte à diversão. Para quem não conhece arte, não sabe como arte é feita e não se considera capaz de ser autor, arte não é divertida, portanto não é cobiçável.

Como tornar a arte da narrativa divertida a ponto de ser cobiçável? Mostrando que qualquer um pode criar e contar histórias com emoção e bom humor. Em 2002, formatei para o Sesc Rio um projeto de formação de platéia para crianças e jovens, principalmente de escolas públicas e Cemasi, centros municipais que atendem adolescentes em situação de risco. Maurício Mota produziu e coordenou o projeto que contou ainda com a participação de Luisa Melo, Wilhelm Milagres e Hélio Brasileiro.

O projeto chamava-se "Mundo da Ficção" e foi concebido como um passeio rápido por uma caverna digital — banco de dados acessado remotamente num telão — onde cem personagens, de Aristóteles a Didi Mocó, passando por Shakespeare, Sheherazade, Homero eram apresentados aos visitantes. Depois do "passeio" durante o qual os jovens podiam "chamar" as personagens tocando em telas de monitores (*touch screen*, que a maioria deles nunca tinha visto), os participantes sentavam-se à mesa em grupos de sete e jogavam o *Autoria*.

O "Mundo da Ficção", como exposição itinerante, foi realizado em três unidades do Sesc Rio, Tijuca, Madureira e Ramos, por oito semanas. Depois que o grupo criava a história oralmente, um dos jogadores a escrevia. Ainda tenho a maioria das histórias escritas e o resultado é bastante instigante.

O mais importante de tudo isto é a rapidez da qual falava Calvino. Toda a visita durava duas horas e meia e, ao final, os grupos ganhavam os jogos para suas escolas. Isto significa que num período curto de tempo cada jogador se tornava autor de personagens, ator de personagens que ele mesmo criava, como os autores famosos que acabara de conhecer na visita.

O efeito desta rapidez para a auto-estima é grande, inclusive porque os grupos (em geral) se divertem muito durante o jogo. Criar é divertido, ser autor é bom, este é o resultado mais palpável.

O "defeito" do projeto foi a falta de continuidade. Por mais que os jogos fossem doados, não houve um acompanhamento junto às escolas para saber se os alunos continuavam jogando, se os professores haviam aprendido as regras da narrativa com o jogo. As histórias também não foram publicadas porque não existia verba para isso.

Em 2003, fiz uma oficina de criar histórias, na companhia de João Carlos Rodrigues para a ONG Uerê, na Favela da Maré (RJ). Eram catorze adolescentes em situação de famílias pobres, alguns, e outras vivendo em situação de altíssimo risco. Um deles inclusive era sobrevivente da chacina da Candelária, de triste memória. Fizemos duas rodas de jogo, com resultados criativos bem razoáveis. Apesar de alguns dos jogadores não saberem ler e sentirem dificuldade de acompanhar as regras, apesar da dificuldade de concentração de um ou outro jogador.

Sempre ofereço aos grupos a mesma história-base do *Autoria* numa sessão de trabalho. Fica muito claro o papel da escolha quando os grupos apresentam os enredos criados. Pois bem, um dos grupos apresentou um enredo de trabalho, procura de emprego, família constituída, final feliz. O outro apresentou um enredo de tráfico, polícia, tiroteio, gravidez precoce, adolescentes no crime. É uma pena que não tenha sido construída, até hoje, a possibilidade de usar o *Autoria*, em ONGs que trabalham com crianças e jovens, de forma sistemática como deve ser todo resgate de memórias ou toda a iniciação ética e estética.

Uma experiência em andamento, mesmo que precário, com o jogo "Autoria" se dá a partir de uma oficina realizada por Maurício Mota com monitores e formadores no CEDECA Interlagos, em São Paulo. Esta ONG trabalha com jovens em liberdade assistida, o que significa jovens que já passaram por medida socioeducativa na Febem de São Paulo. O contexto pessoal e social desses jovens é algo de terrível, e o esforço dos educadores tem, ao meu ver, o maior mérito. Não é fácil manter esses jovens longe do crime e da punição. Não tenho ainda um retorno do que tem sido feito a partir da oficina e da doação de cinco jogos para a instituiçao. O certo é que, no caso desses jovens, o que vale mais é a sentença da escritora dinamarquesa Karen Blixen de que não existe dor que não possa ser suportada quando conseguimos colocá-la numa história.

Participei em março de 2003 da Formação de Formadores do Programa Crescer, patrocinado pelo Instituto Hedding Griffo. O programa foi criado pela Modus Faciendi, uma instituição sem fins lucrativos liderada por Antonio Carlos Gomes da Costa, um dos idealizadores do Estatuto da Criança e do Adolescente, autor do conceito de protagonismo juvenil e grande defensor, eu diria mesmo que formulador, da educação interdimensional. O objetivo da oficina era desenvolver o potencial dos educadores para aplicabilidade da Tecnologia Autoria de Criar Histórias na sua prática pedagógica com os educandos. Esses educandos, por sua vez, são crianças e adolescentes excluídos ou defasados culturalmente, mas não em situação de risco social grave. Ou seja, são crianças que estão na escola, têm família, mas estão em desvantagem, por um lado, e crescendo, dado muito importante, por outro. Estão crescendo porque estão sendo atendidas por O.N.Gs com um projeto de inclusão cultural e de educação interdimensional.

Considerei um privilégio participar com a Tecnologia Autoria de Criar Histórias deste programa. Ainda não está definido se haverá uma continuidade, para além da oficina, ou algum tipo de acompanhamento ou avaliação dos educadores que participaram da formação. A partir da experiência com o Projeto Telemar Educação, minha preferência de trabalho é sempre a de acompanhamento e avaliação do processo. Entendo, porém, que nem sempre, na Pedagogia da Imaginação ou na vida, as coisas acontecem no momento ou ritmo que se deseja. Mas aí são outras histórias.

> REFERÊNCIAS BIBLIOGRÁFICAS <

ADORNO et alli. *Teoria da cultura de massa*. 2ª ed. Introd. e sel. Luiz Costa Lima. Rio de Janeiro: Paz e Terra, 1978.

ALENCAR, José de. *O guarani*. São Paulo: Editora do Brasil, 1954.

ARISTÓTELES. *Poética*. Rio de Janeiro: Ediouro, s/d.

AUDEN, W. H. *A mão do artista*. São Paulo: Siciliano, 1993.

BARTHES, R. et alii. *Análise estrutural da narrativa*. Petrópolis: Vozes, 1971.

BENTLEY, E. *A experiência viva do teatro*. Trad. Álvaro Cabral. Rio de Janeiro: Zahar Editor, 1967.

BORDINI, Maria da Glória & AGUIAR, Vera Teixeira. *Literatura: a formação do leitor: alternativas metodológicas*. 2ª ed. Porto Alegre: Mercado Aberto, 1993.

BROOK, Peter. *O teatro e seu espaço*. Trad. Oscar Araripe e Tessy Calado. Petrópolis: Vozes, 1970.

BROOK, Peter. *Reading for the plot*. USA: First Harvard University Press paperback edition, 1992.

CALVINO, Italo. *Seis propostas para o próximo milênio — lições americanas*. Trad. Ivo Barroso. São Paulo: Companhia das Letras, 1990.

CANDIDO, Antonio. "A Personagem do Romance." In: *A personagem de ficção*. São Paulo: Perspectiva, 1987.

COOK, Davi "Zeb". *Advanced Dungeons & Dragons — Dungeon Master Guide*. 2nd edition. Lake Geneva (USA): TSR, Inc., 1989.

DARNTON, R. *O beijo de Lamourete*. São Paulo: Companhia das Letras, 1987.

DICKENS, Charles. *Um conto de duas cidades*. São Paulo: Nova Cultural, 1996.

EAGLETON, Terry. *Teoria da literatura: uma introdução*. Trad. Waltensir Dutra. São Paulo: Martins Fontes, 1983.

ECO, Umberto. *Apocalípticos e integrados* (a). Trad. Pérola de Carvalho. São Paulo: Perspectiva, 1979.

________. *Seis passeios pelo bosque da ficção* (b). Trad. Hildegard Feist. São Paulo: Companhia das Letras, 1994.

EIKHENBAUM, B. et alii. *Teoria da literatura: formalistas russos*. Porto Alegre: Globo, 1976.

ELIADE, Mircea. *Mito e realidade*. São Paulo: Perspectiva, 1979.

EURÍPIDES. *As troianas*. 2.ª ed. Trad. e introd. Mário da Gama Kury. Rio de Janeiro: Civilização Brasileira, 1977.

________. "Hécuba." In: *A tragédia grega*. Vol. 4. Trad. Mário da Gama Kury. Rio de Janeiro: Jorge Zahar Editor, 1993.

________. "As Fenícias." In: *A tragédia grega*. Vol. 4. Trad. Mário da Gama Kury. Rio de Janeiro: Jorge Zahar Editor, 1993.

FOSTER, E. M. *Aspectos do romance*. Trad. Maria Helena Martins. Porto Alegre: Globo, 1969.

FREUD, Sigmund. *Delírios e sonho na Gradiva de Jensen*. Rio de Janeiro: Imago (Edição Standard, Vol. IV), 1968.

GREENBERG, Andrew et alii. *The Vampire Players Guide — A sourcebook for Vampire: The Masquerade*. Second Edition. U.S.A.: White Wolf, Inc., 1993.

GUMBRECHT, H. U. "Sobre os interesses cognitivos, terminologia básica e métodos de uma ciência da literatura fundada na teoria da ação." In: *A literatura e o leitor*. Org. Luiz Costa Lima. Rio de Janeiro: Paz e Terra, 1979.

HOMERO. *A Ilíada* (em versos). Trad. Carlos Alberto Nunes. Rio de Janeiro: Ediouro, s/d.

________. *A Odisséia*. Trad. Antônio Pinto de Carvalho. São Paulo: Difusão Européia do Livro, 1960.

HUIZINGA, Johan. *Homo ludens: o jogo como elemento da cultura*. 2.ª ed. Trad. João Paulo Monteiro. São Paulo: Perspectiva, 1980.

JACKSON, Steve. *Gurps: módulo básico*. Trad. Douglas Quinta Reis. 2.ª ed., São Paulo: Devir, 1993.

JAUSS, Hans Robert. "La história literária como desafio a la ciencia literária." In: GUMBRECHT et alii. *La actual ciencia literária alemana*. Salamanca: Anaya, 1971.

KOTHE, Flávio R. *A narrativa trivial*. Brasília: UnB, 1994.

LOBATO, Monteiro. *O picapau amarelo*. São Paulo: Brasiliense, 1970.

________. *Os doze trabalhos de Hércules*. São Paulo: Brasiliense, 1972.

MELETINSKI, E. M. "O estudo tipológico-estrutural do conto maravilhoso." In: *Morfologia do conto maravilhoso*. Trad. Jasna Paravich Sarhan. Org. Boris Schnaiderman. Rio de Janeiro: Forense Universitária, 1984.

MEYER, Marlyse. *Folhetim: uma história*. São Paulo: Companhia das Letras, 1996.

MOTA, Sonia Rodrigues (org.). *RPG & Arte*. Rio de Janeiro: Centro Cultural Banco do Brasil, 1996.

POE, Edgar Allan. *Poesia e prosa*. Trad. Oscar Mendes e Milton Amado. Rio de Janeiro: Ediouro, s/d.

PROPP, Vladimir I. *Morfologia do conto maravilhoso*. Trad. Jasna Paravich Sarhan. Org. Boris Schnaiderman. Rio de Janeiro: Forense Universitária, 1984.

REIN•HAGEN, Mark et alii. *Vampiro: a máscara*. Trad. Sylvio Gonçalves. São Paulo: Devir, 1994.

ROSA, Guimarães. *Grande sertão: veredas*. 18ª ed. Rio de Janeiro: Nova Fronteira, 1985.

SANDY, Petersen et alii. *Call of Cthulu*. 4nd edition. San Francisco (USA): *Chaosium*, 1986.

SEARLE, J. R. "O estatuto lógico do discurso de ficção" (xerox), s/d.

SODRÉ, Muniz. *Teoria da literatura de massa* (a). Rio de Janeiro: Tempo Brasileiro, 1978.

________. *Best-seller: a literatura de mercado* (b). São Paulo: Ática, 1985.

________. *A comunicação do grotesco: introdução à cultura de massa brasileira* (c). Petrópolis: Vozes, 1971.

SÓFOCLES. *Antígona*. Trad. e introd. Mário da Gama Kury. Rio de Janeiro: Civilização Brasileira, 1970.

STRAUSS, Lévi. "A estrutura e a forma." In: *Morfologia do conto maravilhoso*. Trad. Jasna Paravich Sarhan. Org. Boris Schnaiderman. Rio de Janeiro: Forense Universitária, 1984.

TODOROV, T. *Os gêneros do discurso* (a). São Paulo: Martins Fontes, 1980.

________. *As estruturas narrativas* (b). São Paulo: Perspectiva, 1979.

________. *Introdução à literatura fantástica* (c). Lisboa: Moraes, 1977.

________. "As categorias da narrativa literária." (d) In: *Análise estrutural da narrativa* — Seleção de ensaios da revista *Communications*. Petrópolis: Vozes, 1973.

TOLKIEN, J. R. R. *O senhor dos anéis*. São Paulo: Martins Fontes, 1990.

ZEVACO, M. *Epopéia do amor*. Vol. I. Rio de Janeiro: Fon-Fon e Seleta S/A, s/d.

ZILBERMAN, Regina. "Literatura infantil: livro, leitura, leitor." In: (org.) *A produção cultural para a criança*. Porto Alegre: Mercado Aberto, 1982.

WINTER, Steve & PICKENS, Jon. *Advanced Dungeons & Dragons — Livro do Jogador*. Trad. Alberto Araújo Lopes, Ana Cristina de Paula Lima, Antonino Bossolande Oliveira, Carlos Orsi Martinho, Cristiano Batista, Diogo Leal, Francisco José de Siqueira, Giampaolo Celli Cintra, Leonardo da Cruz Silva, Lucas Augusto Meyer, Marcelo Del Debbio, Marcelo Lingerfelt, Patrícia Buchalla, Paula Cristina Cleto Dias e Renê Belmonte. São Paulo: Abril Jovem, 1995.

________. & PICKENS, Jon. *Advanced Dungeons & Dragons — Livro do Mestre*. Trad. Alberto Araújo Lopes, Carlos Orsi Martinho, Diogo de Souza Feijó,

Humberto Villela, Leonardo da Cruz Silva, Lucas Augusto Meyer, Marcelo Lingerfelt, Renato Callado, Renê Belmonte e Sueli Navarro. São Paulo: Abril Jovem, 1995.

________. & PICKENS, Jon. *Advanced Dungeons & Dragons — Livro dos Monstros*. Trad. Alberto Araújo Lopes, Antonino Bossolande Oliveira, Carlos Orsi Martinho, Cristiano Batista, Diogo Leal, Giampaolo Cintra, Guilherme Humberto, Leonardo da Cruz Silva, Lucas Augusto Meyer, Luís Gustavo Grillo, Marcelo Del Debbio, Marcelo Lingerfelt, Renato Callado e Renê Belmonte. São Paulo: Abril Jovem, 1995.

> OBRAS DE REFERÊNCIA <

FANTASIA

— Willow — na Terra da Magia (*Willow*, 88, EUA), direção de Ron Howard. LK-Tel/Columbia.
— A Lenda (*Legend*), de Ridley Scott.
— A História sem fim (*Neverending Story*, The, 84, Alemanha), direção de Wolfgang Petersen. Baseado em romance de Michael Ende. Warner Home Video.
— O Cristal Encantado (*Dark Crystal*, *The*, 83, Inglaterra), de Jim Henson e Frank Oz. Desenho animado com bonecos baseados nas personagens do ilustrador inglês Brian Found. VTI Home Video.
— Era uma vez... (Brasil), de Arturo Uranga. Riofilmes.
— Labirinto (*Labyrinth*, 86, EUA), de Jim Henson. Mundial Filmes.
— A Princesa Prometida (*Princess Bride, The*, 87, EUA), de Rob Reiner.
— Excalibur (*Excalibur*, 81, Inglaterra/EUA), de John Boorman. Warner Home Video.
— Edward Mãos de Tesoura (*Edward Scissorhands*, 90, EUA), de Tim Burton. Fox Video.

TERROR

— Grito de Horror (*Howling*, *The*, 80, EUA) , de Joe Dante. Globo Video.
— Gremlins (idem, 84, EUA), de Joe Dante. Warner Home Video.
— Eles Vivem (*They Live*, 88, EUA), de John Carpenter. Mundial Filmes.
— A Morte Pede Carona (*Hitcher*, *The*, 86, EUA), de Robert Harmon. America Video.
— Hellraiser — Renascido do Inferno (*Hellraiser*, 87, Inglaterra), de Clive Barker. Transvídeo.

— Uma Noite Alucinante (*Evil Dead 2, The*, 87, EUA), de Sam Remi. Tec Home Video.

— A Inocente Face do Terror (*Other, The*, 72, EUA), de Robert Mulligan. Abril Video.

FICÇÃO CIENTÍFICA

— Guerra nas Estrelas (*Stars Wars*, 77, EUA), de George Lucas. Fox Video.

— O Império Contra-Ataca (*Empire Strikes Back, The*, 80, EUA), de Irvin Kershner. Fox Video.

— O Retorno de Jedi (*Return of the Jedi, The*, 83, EUA), de Richard Marquand. Fox Video.

— Alien, o Oitavo Passageiro (*Alien*, 79, EUA), de Ridley Scott. Fox Video.

— Aliens, o Resgate (*Aliens*, 86, EUA), de James Cameron. Fox Video.

— Alien 3 (*Alien*, 92, EUA), de David Fincher. Fox Video.

— Brazil — O Filme (*Brazil*, 85, Inglaterra), de Terry Gilliam. Home Video.

— A Máquina do Tempo (*Time Machine*, 60, EUA), de George Pal. Europa/Carat.

— O Sobrevivente (*Runnning Man*, The, 87, EUA), de Paul Michael Glaser. Transvídeo.

— De Volta para o Futuro (*Back to the Future*), de Robert Zemeckis. CIC Video.

— De Volta para o Futuro 2 (*Back to the Future 2*), de Robert Zemeckis. CIC Video.

— De Volta para o Futuro 3 (*Back to The Future 3*, 90, EUA), de Robert Zemeckis. CIC Video.

— O Exterminador do Futuro (*Terminator, The*, 84, EUA), de James Cameron. Globo Video.

— Exterminador do Futuro 2 (*Terminator 2: Judgment Day*), de James Cameron. LK-Tel/Columbia.

— O Vingador do Futuro (*Total Reccall*, 90, EUA), de Paul Verhoeven. LK-Tel/Columbia.

— Blade Runner — O Caçador de Andróides (*Blade Runner*, 82, EUA), de Ridley Scott. Warner Home Video.

— Jurassic Park — O Parque dos Dinossauros (*Jurassic Park*, 93, EUA), de Steven Spilberg. CIC Video.

— Alphaville (*Alphaville*, 65, FRA), de Jean-Luc Godard. Mundial Filmes.

— O Planeta dos Macacos (*Planet of The Apes*, 68, EUA), de Franklin J. Shaffner. Fox Video.

— Jornada nas Estrelas (TV) — Como Tudo Começou (*Star Trek — The Cage*, 64, EUA), de Robert Butler. CIC Video.
— E.T., o Extraterrestre (*E.T., The Extraterrestrial*, 82, EUA), de Steven Spielberg. (Com: Dee Wallace, Henry Thomas, Peter Coyote, Robert MacNaughton, Drew Barrymore, C. Thomas Howell.) CIC Video.

AVENTURA

— Indiana Jones e os Caçadores da Arca perdida.
— Indiana Jones e o Templo da Perdição (*Indiana Jones and the Temple of Doom*, 84, EUA), de Steven Spielberg. (Com: Harrison Ford, Kate Capshaw, Ke Huy Quan, Amrish Puri, Rosham Seth, Philip Stone.) CIC Video.
— Indiana Jones e a Última Cruzada (*Indiana Jones and the Last Crusade*, 89, EUA), de Steven Spielberg. (Com: Harrison Ford, Sean Connery, Denholm Elliot, John Rhys-Davies, Alison Doody, Julian Glover, River Phoenix, Michael Byrne, Alex Hyde-White.) CIC Video.
— Highlander: o Guerreiro Imortal (*Highlander*, 86, EUA), de Russell Mulcahy. (Com: Christopher Lambert, Roxanne Hart, Clancy Brown, Sean Connery.) America Video.
— LadyHawke — O Feitiço de Áquila (LadyHawke, 85, EUA), de Richard Donner. (Com: Rutger Hauer, Michelle Pfeiffer, Matthew Broderick, Leo McKern, John Wood, Alfred Molina.) Fox Video.

➤ SOBRE O BLOG ⮜

Na fase final de produção deste livro, Rafael Goldkorn insistiu que eu esclarecesse, rapidamente, o blog www.rpgeapedagogiadaimaginacao.blogger.com.br. Na última revisão, eu fizera constar, apenas, o endereço. Ele tinha razão, porque não é automática a passagem do livro para a Internet só com o endereço da interação leitor/autor perdido no meio das páginas. Porque é isto que o blog é. Uma oportunidade de as pessoas que lerem o livro se interessarem por *Roleplaying Game* ou por Pedagogia da Imaginação no Brasil e entrarem em contato comigo ou interagirem umas com as outras.

No blog, os leitores e os futuros leitores encontrarão trechos dos capítulos, resumos de projetos, links para sites relacionados com o livro. Encontrarão também reflexões atualizadas sobre as atividades que estou desenvolvendo neste território ainda pouco explorado da Pedagogia da Imaginação. A Internet realiza um sonho milenar de pensadores e artistas: o contato permanente, em tempo real, com aqueles a quem suas idéias e obras se destinam. O blog representa, na minha opinião, uma provocação ao contato e intercâmbio de papéis entre um e outro personagem. O autor escreve, mas o leitor se torna autor quando pergunta, acrescenta, contesta, contribui. Muita autoria, muito exercício da imaginação. É o que se espera neste espaço.

Impresso no Brasil pelo
Sistema Cameron da Divisão Gráfica da
DISTRIBUIDORA RECORD DE SERVIÇOS DE IMPRENSA S.A.
Rua Argentina 171 – Rio de Janeiro, RJ – 20921-380 – Tel.: 2585-2000